CODE MUNICIPAL

OU

MANUEL DES CONSEILLERS MUNICIPAUX

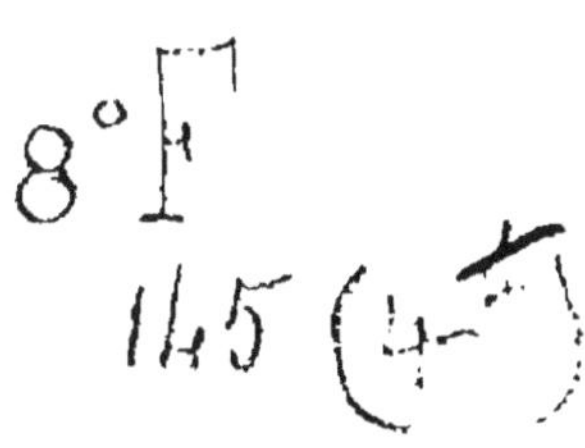

Tours. — E. Mazereau.

CODE MUNICIPAL

OU

MANUEL

DES

CONSEILLERS MUNICIPAUX

CONTENANT L'EXPOSÉ
DE LA LÉGISLATION MUNICIPALE ET LES SOLUTIONS PRATIQUES
DES QUESTIONS QUI PEUVENT INTÉRESSER LES COMMUNES
ET LES CONSEILLERS MUNICIPAUX

PAR

AMBROISE RENDU

Docteur en droit
Avocat à la Cour de Paris

> Il faut que ceux qui écrivent sur ces matières,
> s'étudient à les vulgariser, à force de clarté et
> de méthode, de telle sorte qu'à livre ouvert le
> point douteux soit compris et rendu familier.
>
> (LEBERQUIER).

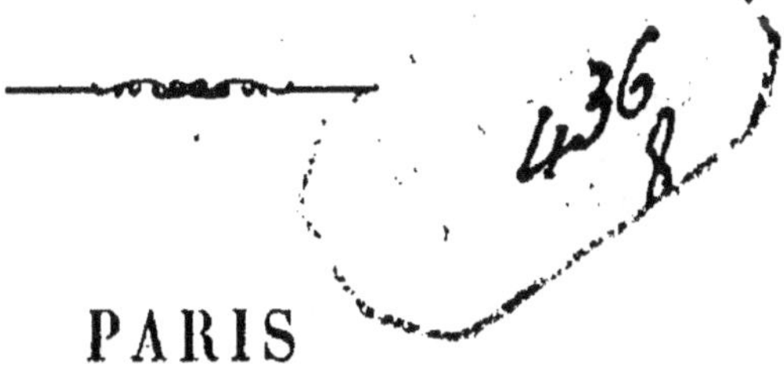

PARIS

LIBRAIRIE A. DURAND & PEDONE-LAURIEL
9, rue Cujas, 9

—

1870

ABREVIATIONS

—

L. — Loi.
Art. — Article.
Décr. — Décret.
Arr. min. — Arrêté ministériel.
Déc. min — Décision ministérielle.
Circ. min. — Circulaire ministérielle.
Avis cons. d'Et. — Avis du conseil d'Etat.
Cons. d'Et. — Conseil d'Etat.
Cons. préf. — Conseil de Préfecture.
Cass. — Cassation.
Paris. — Riom. — Cour de Paris. — Cour de Riom.
Trib. — Tribunal.
C. C. — Code civil.
C. For. — Code Forestier.
C. P. — Code Pénal.
C. I. — Code d'Instruction criminelle.

Recueils de jurisprudence.

France jud. 76, 11, 80. — La France judiciaire. — Année
  1876, 2ᵉ partie, page 80.
J. des com. — *Journal des communes.*
Dall. 77, 1, 90. — Recueil périodique de Dalloz. — Année
  1877, 1ʳᵉ partie, page 90.
Sir. 72, 2, 37. — Recueil périodique de Sirey. — Année
  1872, 2ᵉ partie, page 37.
Rec. Lebon. — Recueil des arrêts du conseil d'Etat de
  Lebon avec indication de la page du recueil annuel.
Rec. G et P. — Jurisprudence des conseils de Préfecture
  de Garnier et Panvert avec indication de la page du
  recueil annuel.
Gaz. des Trib. — *Gazette des Tribunaux.*

RÉPERTOIRE ALPHABÉTIQUE [1]

A

ABATTOIRS. — 415, 475.
ABONNEMENT au Bulletin des lois. — 639.
— au Journal des communes. — 654.
ABONNEMENTS. — 565.
— avec la régie. — 531.
ABSENCE momentanée. — 68.
— d'un conseiller municipal à trois réunions —339.
ABSENTS. — 715.
ABSTENTION au moment du vote. — 362.
— obligatoire pour la majorité. — 364.
ACQUISITION d'immeubles. — 418, 424, 477.
— d'une propriété dans l'année. — 243.
ACTION en responsabilité contre les membres d'une
commission électorale. — 96.
— judiciaire. — 478.
— d'un habitant au nom de la commune. — 48.
— contre la commune. — 483.
ADDITIONS et retranchements sur les listes. — 81.
ADMISSION gratuite des enfants indigents. — 408.
ADJOINT spécial. — 322.
ADJUDICATAIRE de travaux communaux. — 265.
— du cimetière. — 266.

(I) Le répertoire alphabétique nous a paru le meilleur
moyen de rendre les recherches aisées autant que] rapides.
En se reportant à un mot on y trouvera l'indication de tous
les articles du Code qui peuvent s'y rattacher.

F

N

O

P

Q

R

S

T

V

AVERTISSEMENT

—

Nous avons eu, il y a quelques années, l'idée de
résumer en un petit volume les dispositions législatives qui président à l'administration municipale,
et dans ce but nous avons publié un *Code manuel*
destiné aux conseillers municipaux. Plusieurs éditions ont paru, et les témoignages de sympathie que
nous avons reçus de divers côtés nous ont été particulièrement précieux. Mais tant de bienveillance
ne devait pas être seulement un encouragement à
persévérer, c'était aussi une obligation de mieux
faire. Nous n'avons donc pas pensé que le succès
des premières éditions fut une garantie suffisante
pour celles qui devaient suivre et nous avons voulu
rendre notre œuvre digne de ceux qui l'avaient accueillie. Nous avons alors refait notre petit volume
sur de nouvelles bases, beaucoup plus larges et
plus complètes. Notre *Code manuel* s'est ainsi
transformé et est devenu un *Code* plus étendu. Tous
les chapitres ont été refondus et mis en harmonie
avec les décisions nouvelles de la jurisprudence.
Une part plus importante a été faite à l'histoire,
aux opérations électorales considérées dans leur

préparation et leur fonctionnement. Nous avons consacré plusieurs pages à l'étude des attributions nouvelles que la Constitution du 25 février 1875 a conférées aux conseils municipaux. Enfin nous avons ajouté un grand nombre de formules extraites des recueils les plus autorisés et les plus récents. L'œuvre aura donc, à défaut d'autre mérite, celui d'être le résultat de l'expérience acquise, des constatations faites ; en un mot, elle sera au courant de la jurisprudence et de la législation.

C'est là, en effet, le but auquel doit tendre tout ouvrage de ce genre dont l'intérêt est purement pratique. Les décisions se succèdent, les lois s'ajoutent, et le volume, s'il est vieux d'un jour, a déjà perdu son utilité et sa raison d'être. Se tenir sans cesse au niveau, tel est le résultat à atteindre, et les moyens auxquels nous recourons nous permettront de réaliser nos promesses.

Puissent tous ceux à la porte desquels nous allons frapper demain se souvenir de leur indulgence d'hier. Nous n'oublierons pas, pour notre part, leur concours, et nous croyons ne remplir qu'un devoir de gratitude en faisant hommage de notre *Code* à tous ceux de nos lecteurs qui ont bien voulu protéger les débuts de notre *Code manuel des conseillers municipaux*.

CHAPITRE Ier.

LA COMMUNE.

HISTOIRE.

Remonter jusqu'aux origines de l'association communale ce serait refaire en son entier l'histoire de l'homme. Dès que les individus, d'abord errants et sauvages, eurent compris que l'isolement, contraire aux lois même de la nature, était pour chacun d'eux une cause de faiblesse et de misère, la Commune fut créée, avec son caractère essentiel : l'association des intérêts. Qu'on donne tel ou tel nom à cette agglomération primitive, née le plus souvent du hasard ; qu'on la montre Cité, romaine ou Commune affranchie par les chartes du moyen âge, elle apparaît au début de l'histoire de tous les peuples. On peut donc justement dire qu'elle constitue avec la famille l'élément le plus puissant de civilisation, de liberté et de prospérité matérielle.

Refuge de la faiblesse, première patrie que les hommes ont connue avant la grande, elle a ainsi grandi et traversé les âges parce qu'elle se liait intimement à ce besoin que tous les hommes apportent en naissant, le besoin de société.

C'est à propos d'elle qu'un grand magistrat pouvait dire :

« Au dessous du pouvoir législatif, exécutif et judiciaire, il en en est un quatrième, qui, tout à la fois public et privé, réunit l'autorité du magistrat et celle du père de famille : c'est le pouvoir municipal.

« Quoique au-dessous des trois autres, ce pouvoir est cependant le plus ancien de tous ; c'est, en effet, le premier dont le besoin se soit fait sentir. Il n'y a pas de bourgade qui, à l'instant même de sa formation, n'ait reconnu la nécessité d'une première administration intérieure et d'une police locale. Cette administration, cette police exigeaient de l'action et de la surveillance, et les hommes réputés les plus sages en furent chargés ; les régulateurs choisis d'abord parmi ceux dont l'âge garantissait la sagesse, ont été successivement connus sous les dénominations d'anciens, de gérontes, d'édiles, de duumvirs, d'échevins, de maires et d'officiers municipaux ; c'est sur cette première assise que les législateurs des nations ont élevé l'édifice social ». (1)

Il serait difficile d'ajouter quelque chose à cette belle page, elle trouvera dans notre histoire même son commentaire et son application. Il n'est point de pays dans lequel le régime municipal ait de plus profondes racines qu'en France.

(1) Heurion de Pansay.

Aux temps les plus reculés, on retrouve les éléments d'une organisation locale qui permettait aux communautés gauloises de vivre de leur vie propre. Quelle a été l'origine de ces institutions, il n'est point aisé de le dire ; l'idée d'autonomie municipale était dans le sang de nos ancêtres, elle s'est conservée dans leurs mœurs avant de passer dans leurs lois, et lorsque César envahit la Gaule, il trouva des villes, des bourgades qui s'administraient déjà et que la nécessité de leur défense avait depuis longtemps constituées. Le conquérant comprit que son œuvre ne durerait pas si elle ne s'appuyait sur les mœurs du pays, , dont il voulait faire une province romaine, et il laissa subsister les villes organisées qu'il rencontrait sur sa route ; bien plus, il en créa d'autres à l'instar des municipes.

Dès ce moment les municipalités ont une administration commune ; le système romain tend à se substituer aux usages locaux et l'on constate partout une organisation très-développée. L'administration appartient à la curie composée de *curiales* ou de *décurions* qui en étaient membres par droit de naissance ou qui étaient élus par les suffrages de leurs concitoyens. Pour faire partie de la curie il fallait posséder vingt-cinq journaux de terre et avoir vingt-cinq ans. Les magistrats municipaux étaient pris dans la curie, on les appelait *duumvirs*, *principaux*, *curateurs*, à côté d'eux se plaçait le *défensor civitatis* auquel était réservée une initiative plus étendue.

Quand le flot des Francs passa sur la vieille Gaule, l'organisation était déjà puissante, e e

permit les résistances locales et fit respecter
l'autonomie de chaque cité. Les efforts des enva-
hisseurs se heurtèrent sans succès contre une
institution qui était vraiment nationale. Clovis qui
en sentait l'importance et qui y voyait aussi la
meilleure garantie de son pouvoir, les respecta et
les confirma.

Le système municipal ainsi maintenu devint la
base de l'organisation politique. Pendant les premiers siècles de notre histoire, tandis que l'autorité royale incertaine ou affaiblie cherche des points
d'appui dans le pays occupé, chaque ville a son
corps municipal qui délibère et choisit les magistrats. Tandis que tout semble crouler autour d'elles,
tandis que les provinces changent de maîtres,
les cités grandissent et l'idée de liberté se fortifie
avec le développement des institutions locales.

Puis le développement cesse avec les progrès de
la puissance féodale. Les Seigneurs, maîtres de la
terre, luttent contre ces résistances dont ils ont
senti l'énergie ; en vain Charlemagne tente-t-il de
rendre aux cités jadis florissantes et libres leur
autonomie et leurs droits. l'idée ne lui survit pas.
La féodalité reprend son œuvre, et son réseau de
fer semble s'étendre sur le pays. La liberté, c'est
la révolte, et de fameux exemples attestent la
grandeur de la lutte engagée. Alors les villes soumises sont contraintes de subir la loi du vainqueur
auquel toute indépendance porte ombrage. Seules
quelques-unes conservent, au moins en apparence,
une sorte d'autonomie. On cite ainsi Bourges,
Narbonne, Périgueux, Arles, Marseille, Nîmes,
Metz, Toulouse et Reims C'est là que l'idée de

liberté devait se conserver, et ses germes féconds allaient bientôt fleurir avec le réveil du sentiment national.

Au XIe siècle, malgré les résistances de la féodalité qui sent l'influence lui échapper, la fermentation grandit. L'œuvre sera lente, mais sûre, et le travail durera plusieurs siècles avant d'amener ce magnifique effort qu'on a appelé l'affranchissement des communes.

La bourgeoisie a pris l'initiative, le peuple se range derrière elle et seconde son mouvement; bientôt l'élan est général. Les communes se fondent et se donnent des lois.

Cette transformation intime à laquelle corres- pond le développement des idées de nationalité et de patrie, a inspiré de belles pages. Il en est une au moins que nous devons rapporter.

« Quoique les communes du moyen-âge aient eu pour principe la municipalité des derniers temps de l'empire romain, autant cette dernière institution était dépendante, autant l'autre, dès son origine, se montra libre et énergique. L'enthousiasme républicain des vieux temps se communiquait de proche en proche, et produisait des révolutions partout où il se trouvait une population assez nombreuse pour oser entrer en lutte avec la puissance féodale. Les habitants des villes que ce mouvement politique avait gagnées se réunissaient dans la grande église ou sur la place du marché, et là ils prêtaient, sur les choses saintes, le serment de se soutenir les uns les autres, de ne point permettre que qui que ce fût fît tort à l'un d'eux ou le traitât désormais en serf. C'était ce serment ou cette conjuration, comme s'expriment les anciens documents, qui donnait naissance à la commune. Tout ceux qui s'étaient liés de cette manière prenaient désormais le nom de *communiers* ou de jurés, et pour eux ces titres nouveaux comprenaient des idées de devoir, de fidélité et de dévouement réciproques, exprimées, dans l'antiquité, par le mot de citoyen.

« Pour garantie de leur association, les membres de la commune constituaient, d'abord tumultuairement, et ensuite d'une manière régulière, un gouvernement électif ressemblant, sous quelques rapports, à l'ancien gouvernement municipal des Romains, et s'en éloignant sous d'autres. Au lieu des noms de *curie* et de *décurion*, tombés en désuétude, les communes du midi adoptèrent celui de *consul*, qui rappelait encore de grandes idées, et les communes du nord ceux de *juré* et d'*échevin* (1). »

Le mouvement municipal ainsi caractérisé se traduit par les institutions que chaque cité va se donner. Les bourgeois affranchis nomment leurs magistrats, consuls, syndics, jurés. échevins, bourgmestres, capitouls, jurats, pairs, majeurs, gouverneurs, etc...

Les noms diffèrent, mais l'idée est partout la même.

Le but était d'abord de résister aux empiètements chaque jour grandissants de la puissance féodale, puis les premiers succès enhardissent les vainqueurs. Les cités prennent l'offensive et l'affran-

______

(1) Aug. Thierry. — Lettres sur l'histoire de France.

chissement devient réel. Les communes existent. Ces révolutions municipales du moyen-âge ont un caractère général que l'on ne retrouve plus dans les mouvements politiques des siècles qui suivent. L'action est vive parce que tous ceux qui y coopèrent ont une même pensée, un même intérêt, tous sont gens de même état, et le souffle de liberté qui passe sur leurs têtes est partout aussi puissant et aussi fécond. Les formes varient cependant, parce que chaque ville avait à lutter contre des difficultés différentes.

Mais chez tous l'enthousiasme est aussi grand, les efforts aussi persévérants, et de ce grand mouvement naissent ces chartes municipales dont les termes peuvent changer suivant les provinces, mais qui attestent toutes le même besoin d'indépendance limitée aux intérêts municipaux. L'idée de la liberté individuelle n'apparaît encore qu'en germe. L'homme songe d'abord à se donner un abri sûr, il cherchera ensuite derrière les remparts qu'il a conquis, à s'assurer quelque initiative et quelque protection personnelles.

Ce grand mouvement si général qu'il fût aurait peut-être avorté si les premiers efforts avaient rencontré un pouvoir unique déterminé à se défendre.

Mais les villes ou les bourgs appartenaient tantôt au roi, tantôt aux seigneurs ou aux églises, certaines villes épiscopales étaient soumises à leurs évêques. Aussi la résistance devait-elle nécessairement s'affaiblir en se divisant, et puis, les compétitions des puissances suzeraines favorisaient singulièrement les revendications. « Quelquefois un seigneur laïque, maître de l'ancienne citadelle et du quartier voisin, disputait au prélat la suzeraineté et le gouvernement du reste de la ville ; quelquefois le roi avait une tour où son prévôt se cantonnait militairement, pour lever sur les bourgeois certains subsides, en sus des tailles que le seigneur et l'évêque exigeaient chacun de son côté... L'insurrection dans les quartiers de la ville trouvait souvent un appui dans le seigneur du quartier voisin, et si la population tout entière s'associait en corps politique, il était rare que l'un des seigneurs, gagné par des offres d'argent, ne confirmât pas cette révolte (1). »

Les communiers sûrent profiter de cet antagonisme et quand ils se sentirent assez forts secouèrent le joug de ceux dont ils avaient sollicité l'appui.

Le résultat se traduisit par des chartes souvent acceptées, parfois imposées. Les communes auront désormais une vie propre, elles s'administrent elles mêmes par leurs délégués.

En apparence la charte est un don gracieux du seigneur ; en réalité c'est une conquête d'autant plus précieuse qu'elle a coûté plus d'efforts et rencontré plus de résistance.

Voici un exemple d'une de ces chartes octroyées par le suzerain :

« Moi Henri, comte de Troyes, fais savoir à tous présents et à venir, que j'ai établi les coutumes ci-dessous énoncées pour les habitants de ma Villeneuve...

« Tout homme demeurant dans ladite ville paiera, chaque année, douze deniers et une mine d'avoine pour

(1) Lettres sur l'histoire de France.

prix de son domicile ; et s'il veut avoir une portion de terre ou de pré, il donnera par arpent 4 deniers de rente. Les maisons, vignes ou prés, pourront être vendus ou aliénés à la volonté de l'acquéreur. Les hommes résidant dans ladite ville n'iront ni à l'*ost* (armée) ni à aucune *chevauchée* (expédition) si je ne suis moi-même à leur tête. Je leur accorde, en outre, le droit d'avoir six échevins qui administreront les affaires communes de la ville, et assisteront mon prévôt dans ses plaids. J'ai arrêté que nul seigneur, chevalier ou autre, ne pourrait tirer hors de la ville aucun des nouveaux habitants, pour quelque raison que ce soit, à moins que ce dernier ne fut homme de son corps, ou n'eût un arrière de taille à lui payer.

« Fait à Provins, l'an de l'Incarnation 1175. »

D'intéressantes études ont été faites sur ces chartes locales. C'est avec elles qu'on a pu reconstituer notre histoire, elles reflètent les besoins et les passions de cette société naissante, jalouse de ses droits et plus soucieuse des prérogatives municipales que de l'intérêt collectif qui n'apparaît pas à ses yeux. C'est que l'horizon ne s'est pas encore éclairci et qu'il est nécessaire de poser les premières assises sur lesquelles l'édifice politique pourra reposer ensuite. De ces nombreuses constitutions locales nées spontanément nous n'en citons qu'une seule, c'est celle de Soissons. Elle a un cachet d'originalité tout particulier et cependant peut être citée comme le type de la plupart des autres, à ce titre elle mérite d'être reproduite.

« Tous les hommes habitant dans l'enceinte des murs de la ville de Soissons et en dehors dans le faubourg, sur quelque seigneurie qu'ils demeurent, jureront la commune ; si quelqu'un s'y refuse, ceux qui l'auront jurée feront justice de sa maison et de son argent.

« Dans les limites de la commune, tous les hommes s'aideront mutuellement, selon leur pouvoir et ne souffriront en nulle manière que qui que ce soit enlève quelque chose où fasse payer des tailles à l'un d'entre eux.

« Quand la cloche sonnera pour assembler la commune, si quelqu'un ne se rend pas à l'assemblée, il paiera 12 deniers d'amende.

« Si quelqu'un de la commune a forfait en quelque chose et refuse de donner satisfaction devant les jurés, les hommes de la commune en feront justice.

« Les membres de ces communes prendront pour épouses les femmes qu'ils voudront, après en avoir demandé la permission aux seigneurs dont ils relèvent ; mais, si les seigneurs s'y refusaient, et que, sans l'aveu du sien, quelqu'un prit une femme relevant d'une autre seigneurie, l'amende qu'il paierait dans ce cas, sur la plainte de son seigneur, serait de cinq sols seulement.

« Si un étranger apporte son pain et son vin dans la ville pour les y mettre en sûreté, et qu'ensuite un différend survienne entre son seigneur et les hommes de cette commune, il aura quinze jours pour vendre son pain et son vin dans la ville et emporter l'argent, à moins qu'il n'ait forfait ou ne soit complice de quelque forfaiture.

« Si l'évêque de Soissons amenait par mégarde dans la ville un homme qui ait forfait envers un membre de cette commune, après qu'on lui aura remontré que c'est un des ennemis de la commune, il pourra l'emmener cette fois, mais ne le ramènera en aucune manière, si ce n'est avec l'aveu de ceux qui ont charge de maintenir la commune.

« Toute forfaiture, hormis l'infraction de commune et la vieille haine, sera punie d'une amende de cinq sols. »

On ne s'étonnera donc point de voir que sous St-Louis il existait en France une organisation générale des municipalités. Aussi le roi peut-il faire des lois générales. Il favorise les communes dans lesquelles il voit l'instrument le plus puissant de résistance contre les seigneurs. Aidées par l'autorité royale, soutenues par ses troupes, les communes triomphent et la féodalité perd chaque jour de ses forces. Alors un revirement se produit, la royauté victorieuse redoute son ancienne alliée, elle devient à son tour oppressive ; au xve et au xvie siècle elle pèse de tout son poids sur ces libertés municipales qu'elle a créées et qu'elle parvient à étouffer.

Les ordonnances se succèdent en 1563, 1573, 1692, et chacune d'elles enlève aux communes, quelque part d'autonomie. Vers la fin du xviie siècle, il n'y a plus en France que l'autorité royale. Louis XIV a détruit les derniers vestiges de l'indépendance municipale ; le roi est l'Etat tout entier.

En 1717 une réaction se produit ; les communes ont reconquis le droit de nommer leurs magistrats. Elles ne devaient pas en jouir longtemps, car dès 1722 on revient au système que Louis XIV avait personnifié : l'absorption de toutes les indépendances locales dans une seule et unique volonté. Puis des alternatives se succèdent encore ; dans ces chapitres d'histoire rapidement parcourus se retrouvent quelques éclairs de libéralisme. Les idées de décentralisation font leur chemin et les ordonnances de 1764, 1765, 1771, donnent ou retirent quelque semblant de vie à nos communes.

Avec le grand mouvement national de 1789, on ne s'étonnera point de voir apparaître à la première page des Cahiers des États généraux une revendication commune. Le Nord et le Midi sont réunis dans une même pensée : tous les cahiers réclament l'autonomie municipale.

Il se produit alors ce qui arrive presque toujours après une période de compression. L'amour du progrès pousse bien vite aux excès. Mirabeau propose de donner à chaque commune une indépendance absolue vis-à-vis du pouvoir central. La France aurait été ainsi partagée en une quantité considérable de petites républiques libres, mais nécessairement rivales et probablement ennemies. Ce n'était qu'un rêve, et Siéyes combattit avec beaucoup d'énergie les idées téméraires de Mirabeau. « L'indépendance des communes est nécessaire, elle est de plus utile, disait-il; mais au lieu de liberté et de progrès, c'est l'anarchie que nous préparons si nous rompons tous les liens qui rattachent les municipalités au gouvernement. »

Alors les projets se succèdent. Aux temps troublés les idéologues apparaissent apportant des remèdes à tous les maux, des solutions à tous les problèmes. Comme on redoutait l'indépendance absolue de la commune et que, cependant, on voulait lui assurer l'autonomie, on proposa de former des agglomérations cantonales composées de plusieurs communes, et constituant des personnalités libres. C'était une organisation trop factice pour avoir quelque chance de durée, et l'on revint bientôt au système qui avait subi l'épreuve d'une longue et difficile pratique, à l'organisation communale telle qu'elle était au moyen-âge, au lendemain de l'affranchissement. Thouret, dans son exposé des motifs, exprime d'une manière heureuse et précise, quelle sera la situation politique de la commune reconstituée et reconnue.

« La municipalité, dit-il, est soumise aux pouvoirs publics, mais elle n'en fait pas partie, elle est, par rapport à l'État, précisément ce que la famille est par rapport à la municipalité. Chacune a des intérêts, des droits et des moyens qui lui sont propres, chacune entretient, soigne, embellit son intérieur et pourvoit à tous ses besoins en y employant ses revenus, sans que la puissance publique puisse venir croiser cette autorité domestique tant que celle-ci ne fait rien qui intéresse l'ordre général. »

Le décret du 14 décembre 1789 répondit à cette idée éminemment juste. L'assemblée constituante abrogea toutes les règles locales qui subsistaient encore.

Art. 1er. Les municipalités subsistant actuellement en chaque ville, bourg, paroisse ou communauté, sous le titre d'hôtel-de-ville, mairies, échevinats, consulats, et généralement sous quelque titre et qualification que ce soit, sont supprimées et abolies ; et cependant les officiers municipaux actuellement en exercice continueront leurs fonctions jusqu'à ce qu'ils aient été remplacés.

Art. 2. Les officiers et membres des municipalités actuelles seront remplacés par voie d'élection.

Dès lors chaque commune devait avoir un conseil municipal dont la composition variant avec la chiffre de la population comprenait de 3 à 21 membres, et un conseil général de la commune composé du conseil municipal et d'un nombre de notables double de celui des conseillers municipaux. Pour être élu à ces fonctions il fallait être citoyen actif, c'est-à-dire être âgé de 25 ans et payer une contribution égale au prix de trois journées de travail. Le conseil était élu pour deux ans et renouvelable par moitié chaque année. Chaque corps municipal composé de plus de trois membres, était divisé en conseil et en bureau. Le bureau était composé du tiers des officiers municipaux y compris le maire, les deux autres tiers formaient le conseil. Les membres du ·bureau étaient choisis par le corps municipal tous les ans et étaient une fois seulement rééligibles.

Le conseil municipal n'était pas maître absolu de ses actes, tantôt il était entièrement subordonné aux administrations de département et de district, tantôt il avait un droit d'initiative et d'action plus étendu, mais toujours sous l'approbation de l'administration supérieure.

Cependant, pour les affaires courantes, le conseil pouvait agir sans approbation préalable, mais chacun de ses actes pouvait être attaqué par tout citoyen de la commune et réformé par l'autorité. Ce système dont le principe était sage et libéral, puisqu'à côté du maire, agent d'exécution, il plaçait un corps municipal, agent de délibération, était beaucoup trop compliqué. Dans la pratique il était même irréalisable, et les quelques tentatives, qui furent faites n'eurent d'autre résultat que de montrer les irrémédiables difficultés que présentait l'exécution d'une loi dont l'expérience n'avait pas inspiré les dispositions.

La Constitution de l'an III pour faire mieux fit tout différemment. Comme le système précédent était trop savant, le législateur de l'an III voulut simplifier et il remplaça les administrations municipales par des administrations cantonales. Au lieu de 37,000 communes on n'en avait plus que 6,000. Mais les distinctions établies entre ces 6,000 municipalités augmentaient plus qu'elles ne diminuaient l'anarchie administrative que la loi précédente avait établie.

Ainsi les communes de moins de 5,000 habitants n'avaient qu'un agent municipal élu, dont la réunion formait le conseil chargé de l'administration de la municipalité de canton.

Les communes dont la population variait entre 5,000 et 10,000 habitants avaient un conseil administratif.

Les communes possédant plus de 10,000 habitants avaient trois administrations électives et distinctes.

Cette organisation était encore moins rationnelle que la précédente. « Si le système de 1789, a dit M. Bonjean, était plus propre à la délibération qu'à l'action, celui de l'an III n'était propre ni à l'une ni à l'autre. Trop nombreuses pour agir, les municipalités de canton ne l'étaient pas assez pour délibérer et surtout pour représenter les intérêts divers des deniers communaux de l'arrondissement municipal. D'un autre côté, le renouvellement trop fréquent des officiers municipaux ne permettait pas qu'ils pussent acquérir l'expérience des affaires, et rendait impossible l'esprit de suite si nécessaire au succès de toutes les entreprises. » Quant au contrôle administratif, il absorbait tout.

La constitution de l'an III déclarant les administrations municipales subordonnées aux administrations départementales, il n'y avait plus de liberté communale. L'essai ne fut donc pas plus heureux.

La loi du 28 pluviose an VIII eut au contraire l'honneur de remettre en vigueur et de réaliser d'une manière sérieuse les principes d'autonomie administrative si étrangement méconnus par la constitution de l'an III. Le système qu'elle créa et organisa est la base même de notre législation actuelle. Sauf quelques modifications de détail, notre administration municipale a été empruntée à cette loi qu'une juste appréciation des choses avait dictée.

Dans chaque commune le maire est à la tête de l'administration municipale, il est assisté d'un conseil municipal dont les membres sont nommés pour trois ans par le préfet et choisis sur une liste de notables présentée par les habitants.

Le sénatus-consulte du 15 floréal an X ayant supprimé les listes de notables, le gouvernement devait choisir les administrateurs municipaux sur une triple liste dressée par les électeurs de chaque commune.

Puis l'empire arrive, et les idées qu'il met en honneur ne sont pas précisément celles de liberté et d'autonomie. Favorable à la centralisation la plus absolue, Napoléon croyait que l'unité française serait compromise par l'indépendance des communes. César n'admettait pas la discussion et supportait mal le contrôle. Sa grande faiblesse et la principale cause de sa chute furent précisément de ne par associer le pays à ses propres affaires, à son administration locale, et de le désintéresser de ses intérêts les plus chers en ramenant tout entre les mains du pouvoir central. Le jour où la victoire abandonna nos drapeaux, l'empire sentit trop tard que le pays manquait d'institutions.

Toutefois on n'arriva pas d'un seul coup à la suppression absolue et complète des administrations élues. Un décret de 1807 décida que le droit dè présentation par les électeurs n'existerait plus si le gouvernement avait pourvu auparavant aux nominations. Le résultat ne tarda pas à se faire sentir ; toutes les administrations municipales furent confiées à des fonctionnaires.

Cet état de choses qui dura pendant plus de vingt ans ne fut pas accepté sans protestations et sans plaintes. Déshabitué de gloire, le pays souffrait d'être privé de la plus chère de ses libertés, de la plus nécessaire de ses garanties. Les aspirations libérales de la Restauration n'eurent pas assez de force ni de durée pour répondre au sentiment général.

Il appartenait à la Monarchie de juillet de rendre à nos communes, avec des administrations nées de leur vote, l'autonomie et l'indépendance sagement tempérées par la tutelle et le contrôle de l'autorité supérieure. Ce fut là l'œuvre de la loi de 1831, que des dispositions postérieures ont pu modifier dans l'application, mais qui reste comme la loi organique constitutionnelle de notre droit municipal.

3.

Telle est en quelques pages l'histoire de nos communes et de leurs droits ; c'est l'histoire intime de notre pays. C'est elle qui nous livre le secret de bien des luttes intérieures, de bien des résistances locales. Nos pères aimaient l'indépendance, ils l'avaient reçue de leurs aïeux les vieux gaulois ; ils voulaient la laisser à leurs enfants, et ils nous ont transmis à travers tant de troubles et de guerres leur patriotisme et leur soif de liberté : c'est à eux que la France doit son unité. Les bourgeois des communes assuraient dans leur chartes les destinées mêmes du pays.

Mais cet amour d'indépendance et d'autonomie, s'il n'était contenu dans de sages limites conduirait vite à l'anarchie. Et il n'est point besoin de remonter bien haut dans notre histoire pour signaler les déplorables conséquences de ses excès. Aussi le législateur prévoyant a-t-il voulu qu'un lien solide reliât les communes au pouvoir central.

Ce fut l'œuvre de l'Assemblée constituante qui établit l'unité. C'est ainsi qu'elle créa en même temps qu'elle les reconnaissait, des municipalités distinctes, égales en droits et soumises à une législation uniforme. Dès ce jour les communes ont cessé d'être des associations locales ; indépendantes les unes des autres et souvent ennemies ; elles sont entrées dans le mécanisme gouvernemental dont elles sont le rouage le plus important.

Ainsi constituée, la commune est devenue personne civile, et le législateur l'a organisée sur le modèle de l'État dont elle n'est qu'un abrégé fidèle. Le gouvernement se compose, dans notre pays, d'un pouvoir central chargé de l'exécution

et de conseils délibérants auxquels est réservée la
mission de discuter les intérêts et de préparer les
lois. Si l'on regarde la commune, on y trouve le
maire représentant du pouvoir central et agent
d'exécution ; puis, à côté de lui, le conseil municipal, assemblée délibérante à laquelle est confiée
la gestion des intérêts collectifs.

Quels sont donc, dans l'état actuel de la législation, les droits de cette Assemblée élue par la
commune, et créée pour en sauvegarder les destinées? quels sont aussi ses devoirs? C'est ce que
l'auteur a entrepris d'exposer dans ce volume,
humble Code des campagnes bien plutôt que des
villes, et dont le but est de faire connaître les lois
à ceux que le suffrage populaire a faits les conseillers de la commune.

CHAPITRE II

LISTES ÉLECTORALES

SOMMAIRE ALPHABÉTIQUE

---

1. — Les conseillers municipaux sont élus par tous les électeurs inscrits sur la liste électorale municipale.

2. — Cette liste est établie chaque année, du 1er au 10 janvier, par une commission composée du maire, d'un délégué de l'administration désigné par le préfet, et d'un délégué du conseil municipal.

3. — Ce délégué ne doit pas nécessairement faire partie du conseil. Il peut être choisi parmi les électeurs de la commune.

4. — Le délégué de l'administration peut être désigné parmi les habitants de la commune ou en dehors. Il peut représenter le Préfet dans plusieurs commissions (Circ. 20 juillet 1874).

5. — Si la commune est divisée en sections, une commission électorale spéciale à la section et composée : 1° du maire ou de l'adjoint, ou d'un conseiller municipal dans l'ordre du tableau, 2° d'un délégué du conseil municipal, 3° d'un délégué du préfet, dresse la liste de section.

6. — A Paris et à Lyon, la liste est dressée, dans chaque quartier ou section, par une commission composée du maire de l'arrondissement ou d'un adjoint délégué, du conseiller municipal élu dans le quartier ou la section, et d'un électeur désigné par le préfet du département.

Il est dressé, en outre, d'après les listes spéciales à chaque section ou quartier, une liste générale des électeurs de la commune, par ordre alphabétique, signée par les trois membres de la commission. A Paris et à Lyon, cette liste générale est dressée par arrondissement.

7. — Le lieu de réunion des commissions électorales n'est pas déterminé par la loi, mais en général c'est à la mairie qu'elles doivent tenir leurs séances.

8. — Le premier soin de la commission doit être d'exclure des listes ceux qui, par suite de certaines condamnations spécifiées par la loi, ont perdu leurs droits électoraux.

9. — Les incapacités qui sont perpétuelles ou temporaires ont été déterminées par le décret organique de 1852 et fixées depuis par la jurisprudence. Il est utile d'en donner le tableau, non-seulement afin que les citoyens connaissent leur situation électorale, mais afin que les conseillers municipaux chargés de dresser les listes annuelles

sachent exactement quels électeurs ils doivent rayer.

Sont frappés d'incapacité absolue :

1° Ceux qui ont été condamnés à des peines afflictives ou infamantes ;

2° Ceux qui ont été privés de leurs droits d'électeur par les tribunaux ;

3° Les condamnés correctionnellement pour crime ;

4° Les condamnés à trois mois de prison pour vente de boissons falsifiées, ou tromperie sur les marchandises ;

5° Les condamnés pour vol, abus de confiance, ou escroquerie, attentats aux mœurs ou soustraction de deniers publics ;

6° Les condamnés pour outrage à la morale publique ou religieuse, aux bonnes mœurs, ou pour attaque contre le principe de la propriété et les droits de la famille ;

7° Les condamnés à plus de trois mois de prison pour s'être fait inscrire sur la liste électorale ou sur deux listes, soit sous de faux noms, soit en dissimulant une incapacité ; pour avoir voté alors qu'ils étaient privés du droit de vote ; pour avoir voté plusieurs fois ou en prenant faussement les noms ou qualités d'un électeur inscrit ; pour avoir dans un scrutin soustrait ou altéré des bulletins ; pour avoir inscrit sur un bulletin un nom différent de celui qu'ils étaient chargés d'écrire ; pour être entrés dans une assemblée électorale avec des armes cachées ; pour avoir voulu corrompre des électeurs, ou s'être laissés séduire ; pour avoir voulu intimider ou influencer un électeur, par menaces ou par fausses nouvelles ; pour avoir par violences, clameurs ou attroupements, troublé les opérations d'une assemblée électorale ; pour avoir outragé ou insulté soit le bureau électoral, soit un de ses membres ; enfin pour avoir violé un scrutin ;

8° Les notaires, greffiers ou officiers ministériels destitués en vertu d'un jugement ou d'une décision judiciaire ;

9° Les condamnés pour vagabondage ou mendicité ;

10° Les condamnés pour destruction de registres ou titres de l'autorité publique, billets de commerce ; pour avoir volontairement gâté des marchandises ; pour dévastation de récoltes, battage, ou mutilation d'arbres appartenant à autrui, destruction de greffes et empoisonnement de bestiaux ou de poissons ;

11° Les condamnés pour avoir tenu des jeux de hasard, des maisons de prêts sur gage. — La loi du 30 nov. 1875 a abrogé la disposition finale de cet article qui déclarait de plein droit incapables de voter les individus condamnés pour infraction à la loi de 1836 sur les loteries non autorisées, il faut désormais qu'ils soient privés spécialement du droit de vote ;

12° Les militaires condamnés au boulet ou aux travaux publics ;

13° Les condamnés à l'emprisonnement pour fraudes dans les opérations de recrutement, remplacement frauduleux ou manœuvres corruptrices ;

14° Les condamnés à l'emprisonnement pour usage de faux poids et de fausses mesures ;

15° Les condamnés pour délit d'usure :

16° Les interdits. — Mais il faut que l'interdiction ait été prononcée (Cass. 26 avril 1870). Les individus détenus dans un établissement d'aliénés en vertu de la loi de 1838, sont pendant ce temps privés de l'exercice du droit de vote.

17° Les faillis non réhabilités, même si le jugement déclaratif a été rendu à l'étranger, quand il est exécutoire en France.

10. — A côté de ces incapacités perpétuelles s'en placent d'autres qui ne sont que temporaires ; ainsi ne peuvent être conseillers municipaux pendant cinq ans et sont exclus de la liste électorale, les condamnés à plus d'un mois de prison pour rébellion, outrages ou violences envers les dépositaires de l'autorité ou de la force publique ; pour outrages publics envers un juré en exercice ou un témoin à l'occasion de sa déposition ; pour délits prévus par les lois sur les attroupements et les clubs et pour infraction à la loi sur le colportage.

11. — L'interdiction correctionnelle n'est pas limitée dans un délai préfix ; elle est déterminée par le jugement qui la prononce.

12. — Ces incapacités toutefois peuvent être levées par un décret d'amnistie, mais une simple remise de la peine, une grâce, ne les effacerait pas. C'est ce qui a été spécialement décidé pour un individu condamné pour mendicité et gracié.

13. — Il n'y aurait d'exception que pour les notaires, huissiers, greffiers et autres officiers publics qui peuvent être relevés des déchéances par eux encourues.

14. — En ce qui touche les officiers ministériels, le décret de 1852 porte que l'incapacité résulte

d'une décision judiciaire prononçant leur destitution. Que faut-il entendre par décision judiciaire?
Est-ce seulement un jugement? Évidemment non,
puisque le décret prend soin de placer à côté du
jugement la décision judiciaire. La question a été
soumise à la Cour de cassation qui a décidé que le
fait seul de la destitution n'entraînait pas l'incapacité électorale, mais que la destitution prononcée
par le chef de l'État devait avoir l'effet de la destitution résultant d'une décision judiciaire.

Voici les motifs de l'arrêt intervenu :

« Attendu qu'aux termes de l'art. 15 § 8. Déc., 2 fév.
1852, il ne suffit pas pour qu'un notaire, un greffier ou
un officier ministériel ne puisse être inscrit sur les listes
électorales, que ce notaire, ce greffier ou cet officier ministériel ait été destitué ;

« Que le texte précité, exige encore que la destitution
ait eu lieu en vertu d'un jugement ou d'une décision judiciaire.

« Attendu qu'on doit reconnaître ce caractère de décision judiciaire à toute destitution prononcée par le chef
du gouvernement sur le rapport du ministre de la justice, dans le cas même où il s'agit d'un greffier, dont la
situation est régie par une loi spéciale, s'il y a eu une
poursuite criminelle, correctionnelle ou disciplinaire
dont le décret de révocation puisse être considéré comme
le complément ou le dernier acte ; qu'en ce cas il faut
admettre que le chef de l'Etat exerce une véritable juridiction. »

15. — Une question s'est présentée à l'occasion
des condamnations pour loteries non autorisées.

La loi du 30 nov. 1875 a rendu facultative pour
les tribunaux la privation des droits électoraux
qui, sous l'empire du décret de 1852, atteignait de

plein droit les individus condamnés pour loterie non autorisée, et a, par conséquent, mitigé les dispositions pénales de la législation précédente.

A ce titre la Cour de cassation a fait aplication de l'art. 22 de la loi de 1875 à ceux qui n'étaient pas encore sous le coup d'une condamnation définitive au moment de la promulgation de la loi. (Cass. 14 janvier 1876.)

Quant aux individus qui ont été définitivement condamnés pour infraction à la loi de 1836, antérieurement à la promulgation de la loi de 1875, ils ne peuvent se prévaloir des atténuations autorisées par cette dernière loi. D'une part, en effet, la rétroactivité de faveur qui fait échec aux prescriptions générales de l'art. 4 du Code Pénal ne saurait porter atteinte à l'autorité de la chose jugée. D'autre part, la loi de 1875 n'a pas fait disparaître l'interdiction des droits électoraux prononcée par le décret de 1852. Elle s'est bornée à rendre cette interdiction facultative.

Le rétablissement des individus définitivement condamnés, sur les listes électorales, les placerait donc dans une situation meilleure que celle qui aurait pu leur être faite, en vertu de l'art. 42 du Code Pénal, s'ils avaient été jugés postérieurement à la promulgation de la loi de 1875. Cette conséquence est inadmissible.

Ainsi, les individus condamnés définitivement, avant la promulgation de la loi du 30 nov. 1875 pour infraction à la loi sur les loteries, demeurent privés du droit d'être inscrits sur les listes électorales et ne pourront figurer sur ces listes qu'après avoir obtenu leur réhabilitation.

16. — Les incapacités édictées par le décret de 1852 ne peuvent être étendues à d'autres cas que ceux qui ont été expressément déterminés.

17. — Ainsi, n'est pas privé de ses droits électoraux l'individu qui a été condamné à deux mois de prison pour outrages envers un ministre d'un culte légalement reconnu.

18. — Ni celui qui a été condamné à six jours de prison pour délit de pêche fluviale.

19. — Ni celui qui a été condamné à un an et un jour d'emprisonnement pour coups et blessures volontaires. (Cons. d'Ét. Rec. Lebon. 26 mai 1876).

20. — Ni celui qui a été condamné à trois mois de prison pour coups et blessures ayant entraîné la mort. (Cons. d'Ét. Rec. Lebon. 7 août 1875).

21. — Ni celui qui a été condamné pour entraves à la liberté du travail. (Cass. 15 mai 1877. France jud. II, 61.)

22. — Mais aux termes de la jurisprudence de la cour de Cassation la vente de boissons falsifiées entraîne l'incapacité électorale, comme la vente de denrées falsifiées ou corrompues.

23. — Ces solutions qui répondent à des espèces posées doivent servir d'exemple pour l'application de la loi qui pourrait dans la pratique présenter quelques difficultés ; on les évitera en s'en référant au tableau suivant qui détermine de la manière la plus expresse les cas d'incapacité et la durée de l'incapacité légale. (Circ. min. 12 juil. 1874).

TABLEAU DES INCAPACITÉS ÉLECTORALES

NOMENCLATURE des causes d'incapacité.	PEINES emportant l'exclusion de la liste électorale	DURÉE de l'exclusion
Abus de confiance, (C. P., art. 406 à 409.)	Emprisonnement quelle qu'en soit la durée.	Perpétuelle
Arbre abattu, sachant qu'il appartient à autrui. (C. P., art. 445.)	Emprisonnement de 3 mois au moins.	Idem.
Arbre mutilé, coupé ou écorcé de manière à le faire périr, sachant qu'il appartient à autrui. (C. P., art. 146.)	Idem.	Idem
Attaque publique contrè la liberté des cultes, le principe de la propriété et les droits de la famille (Loi du 11 août 1848, art. 3)	Quelle que soit la peine.	Idem.
Attroupements (Délits prévus par la loi sur les). Lois des 10 avril 1831, et 7 juin 1848.)	Emprisonnement de plus d'un mois.	L'exclusion dure 5 ans, à dater de l'expiration de la peine.
Clubs (Délits prévus par la loi sur les) Loi du 28 juillet 1848.)	Idem.	Idem.
Colportage d'écrits (Infractions à la loi sur le). Loi du 27 juillet 1847.	Idem.	Idem
Crimes suivis d'une condamnation à des peines afflictives et infamantes (travaux forcés, déportation, détention et réclusion), ou à des peines infamantes seulement (bannissement, dégradation civique). (C. P., art. 7 et 8.)	Quelle que soit la durée de la peine.	Perpétuelle
Crimes suivis d'une condamnation correctionnelle en vertu de l'art. 463. (C. P.)	Idem.	Idem
Deniers publics soustraits par un dépositaire. (C. P. art. 169.)	Idem.	Idem.
Destruction de registres, minutes, actes originaux de l'autorité publique, titres, billets, lettres de change, effets de commerce ou de banque contenant ou opérant obligation, disposition ou décharge. (C. P. art. 439.)	Emprisonnement de 3 mois au moins.	Idem.

NOMENCLATURE des causes d'incapacité.	PEINES emportant l'exclusion de la liste électorale	DURÉE de l'exclusion
Bulletin ajouté, soustrait ou altéré par les personnes chargées, dans un scrutin, de recevoir, compter ou dépouiller les bulletins contenant les suffrages des citoyens.	Emprisonnement de plus de 3 mois.	Perpétuelle.
Lecture de noms au'res que ceux inscrits.	Idem.	Idem.
Inscription sur le bulletin d'autrui de noms autres que ceux qu'on était chargé d'y inscrire.	Idem.	Idem.
Collége électoral. (Irruption dans un collége électoral consommée ou tentée avec violence, en vue d'empêcher un choix.)	Idem.	Idem.
Liste électorale. (Inscription obtenue sous de faux noms ou de fausses qualités ou en dissimulant une incapacité prévue par la loi.)	Idem.	Idem.
Liste électorale. (Inscription réclamée et obtenue sur deux ou plusieurs listes.)	Idem.	Idem.
Opérations électorales, retardées ou empêchées au moyen de voies de fait ou menaces par des électeurs. — Bureau outragé dans son ensemble ou dans l'un de ses membres par des électeurs, pendant la réunion. — Scrutin violé.	Idem.	Idem.
Opérations électorales, troublées par attroupements, clameurs ou démonstrations menaçantes — Atteinte portée à l'exercice du droit électoral ou à la liberté du vote	Idem.	Idem.
Suffrages. Deniers ou valeurs quelconques donnés, promis ou reçus, sous la condition soit de donner ou de procurer un suffrage, soit de s'abstenir de voter. — Offre ou promesse faite	Idem.	Idem.

ÉLECTIONS

NOMENCLATURE des causes d'incapacité	PEINES emportant l'exclusion de la liste électorale	DURÉE de l'exclusion
ÉLECTIONS — ou acceptée, sous les mêmes conditions, d'emplois publics ou privés.		
Suffrages influencés, soit par voies de fait, violences ou menaces contre un électeur, soit en lui faisant craindre de perdre son emploi ou d'exposer à un dommage sa personne, sa famille ou sa fortune. — Abstention de voter déterminée par les mêmes moyens.	Emprisonnement de plus de 3 mois	Perpétuelle.
Suffrages surpris ou détournés à l'aide de fausses nouvelles, bruits calomnieux ou autres manœuvres frauduleuses. — Abstention de voter déterminée par les mêmes moyens.	Idem.	Idem.
Urne contenant les suffrages émis et non encore dépouillés (Enlèvement de l').	Idem.	Idem.
Vote en vertu d'une inscription obtenue sous de faux noms ou de fausses qualités, ou en dissimulant une incapacité, ou en prenant faussement les noms et les prénoms d'un électeur inscrit.	Idem.	Idem.
Vote multiple, à l'aide d'une inscription multiple.	Idem.	Idem.
Empoisonnement de chevaux ou autres bêtes de voiture, de monture ou de charge, de bestiaux à cornes, de moutons, chèvres ou porcs, ou de poissons dans des étangs, viviers ou réservoirs. (C. P., art. 452.)	Emprisonnement de 3 mois au moins.	Idem.
Escroquerie. (C. P., art. 405.)	Emprisonnement quelle qu'en soit la durée.	Idem.
Faillite déclarée soit par les tribunaux français, soit par un jugement rendu à l'étranger, mais exécutoire en France. (C. com., art. 437 et suiv.)		L'exclusion cesse après la réhabilitation.

NOMENCLATURE des causes d'incapacité	PEINES emportant l'exclusion de la liste électorale	DURÉE de l'exclusion
Falsification de boissons et de substances ou denrées alimentaires ou médicamenteuses destinées à être vendues — Vente ou mise en vente de ces denrées, sachant qu'elles sont falsifiées ou corrompues. (Loi du 27 mars 1851, art. 1er et Loi du 5 mai 1855.)	Emprisonnement quelle qu'en soit la durée.	Perpétuelle.
Greffe, détruite. (C. P., art. 447.)	Emprisonnement de 3 m. au moins	Idem.
Interdiction civile pour cause d'imbécillité, de démence ou de fureur. (C. civ., art. 489 et suivants.)		L'exclusion cesse à la levée judiciaire de l'interdict. (C. c., art. 125)
Interdiction correctionnelle du droit de vote et d'élection. C. P., art. 42, 86, 89, 91, 123.)		La durée de l'exclusion est fixée par le jugement.
Ivresse, (Délits prévus par la loi du 23 janvier 1873, art. 3.)		L'exclusion dure 2 ans à partir du jour où la condamnation est devenue irrévocable.
Jeux de hasard (Maisons de). (C. P., art. 410.)	Quelle que soit la peine.	Perpétuelle.
Marchandises ou matières servant à la fabrication, gâtées volontairement. (C. P., art. 443.)	Emprisonnement de 3 mois au moins.	Idem.
Mendicité. (C. P., art. 274 à 279.)	Quelle que soit la peine	Idem.
Militaires condamnés au boulet ou aux travaux publics.	Quelle que soit la durée de la peine.	Idem.
Mœurs (Attentats aux). (C. P., art. 330 et 334.)	Quelle que soit la peine.	Idem.
Officiers ministériels (avoués, huissiers, greffiers, notaires), destitués en vertu de jugements ou de décisions judiciaires.	Idem.	Idem.
Outrage public à la morale publique et religieuse et aux bonnes mœurs. (Loi du 17 mai 1819, art. 8.)	Idem.	Idem.

NOMENCLATURE des causes d'incapacité.	PEINES emportant l'exclusion de la liste électorale	DURÉE de l'exclusion
Outrage public envers un juré à raison de ses fonctions ou envers un témoin à raison de ses dépositions. (Loi du 25 mars 1822, art. 6)	Emprisonnement de plus d'un mois.	L'exclusion dure 5 ans à dater de l'expiration de la peine.
Outrage et violences envers les dépositaires de l'autorité ou de la force publique. (C. P., art. 222 à 250.)	Idem.	Idem.
Prêts sur gage ou nantissement (Maisons de) établies ou tenues sans autorisation légale. — Registre non tenu. (C. P., art. 411.)	Quelle que soit la peine.	Perpétuelle.
Rébellion envers les dépositaires de l'autorité ou de la force publique. (C. P., art. 209 à 221.)	Emprisonnement de plus d'un mois.	L'exclusion dure 5 ans, à dater de l'expiration de la peine.
Récolte (Dévastation de) (C P., art. 444)	Emprisonnement de 3 mois au moins.	Perpétuelle.
Recrutement. Jeunes gens omis sur les tableaux de recensement, par suite de fraude ou manœuvre. (Loi du 27 juillet 1872, art. 60.)	Emprisonnement quelle qu'en soit la durée.	Idem.
Recrutement. Jeunes gens appelés à faire partie du contingent de leur classe, qui se sont rendus impropres au service militaire, soit temporairement, soit d'une manière permanente, dans le but de se soustraire aux obligations imposées par la loi ; complicité.) (Art. 63)	Idem.	Idem.
Recrutement Substitution ou remplacement effectué, soit en contravention à la loi, soit au moyen de pièces fausses ou de manœuvres frauduleuses. Complicité. (Loi du 21 mars 1832, art. 43.)	Idem.	Idem.
Recrutement. Médecins, chirurgiens ou officiers de santé qui, déjà désignés pour assister au conseil de révision ou dans la prévoyance de cette désignation, ont reçu des	Idem	idem

NOMENCLATURE des causes d'incapacité.	PEINES emportant l'exclusion de la liste électorale.	DURÉE de l'exclusion.
dons ou agréé des promesses pour être favorables aux jeunes gens qu'ils doivent examiner, ou qui ont reçu des dons pour une réforme justement prononcée. (Loi du 27 juillet 1872, art. 66.)		
Service militaire à l'étranger pris par un Français majeur, sans autorisation du Gouvernement.		L'exclusion dure jusqu'à ce que la qualité de Français ait été recouvrée.
Tromperie sur le titre des matières d'or ou d'argent, sur la qualité d'une pierre fausse vendue pour fine, sur la nature de toutes marchandises. (C. P., 423.)	Emprisonnement de 3 mois au moins.	Perpétuelle.
Tromperie par le vendeur ou l'acheteur sur la quantité des marchandises livrées. (Loi du 27 mars 1851, art. 1er, n° 3.)	Emprisonnement quelle qu'en soit la durée.	Idem.
Usure. (Lois du 3 sept. 1870 et du 19 déc. 1850)	Quelle que soit la peine.	Idem.
Vagabondage. (C. P., art., 269 à 271.)	Idem.	Idem.
Vol (C. P., art., 379, 388, 401.)	Emprisonnement quelle qu'en soit la durée.	Idem.

24. — Ainsi que nous le verrons plus loin, les commissions déterminent, sauf recours au juge de paix, les cas d'incapacité ; elles peuvent donc apprécier si la correctionnalisation d'un crime par le jury suffit à relever le condamné de la déchéance électorale. (Nîmes, 28 mars 1876. Dall. 77, 2, 29).

25. — *Inscriptions sur les listes électorales.* — Aux termes de la loi du 7 juillet 1874, sont inscrits sur la liste des électeurs municipaux, tous les citoyens âgés de 21 ans, jouissant de leurs droits civils et politiques, et n'étant dans aucun cas d'incapacité prévus par la loi :

26. — On ne doit donc pas inscrire sur les listes électorales l'individu qui, tout en se prétendant Français, n'établit pas sa naissance sur le sol français et n'a pas satisfait à la loi du recrutement. (Cass., 26 avril 1875.)

27. — La même décision a été étendue à l'individu qui, né en France d'un étranger, n'a pas fait la déclaration prescrite par le Code civil, art. 9, lors même qu'il aurait servi dans l'armée et qu'il se trouverait par conséquent dans les conditions déterminées pour faire cette déclaration à toute époque. Il faut que la déclaration précède l'inscription. (Cass., 12 avril 1875.)

28. — Nous remarquerons encore que pour être inscrit sur la liste électorale il faut avoir vingt et un ans accomplis au jour de la clôture des listes et non pas seulement avant le jour du vote. (Circ. min. 25 janvier 1876.)

29. — Ces observations faites, revenons à l'œuvre de la commission. Cette œuvre est double. D'une part, la commission inscrit d'office tous les citoyens qui :

1° Sont nés dans la commune, ou y ont satisfait à la loi du recrutement, et, s'ils n'y ont pas conservé leur résidence, sont venus s'y établir depuis six mois au moins ;

2° Qui, même n'étant pas nés dans la commune, y auront été inscrits depuis un an au rôle d'une des quatre contributions directes ou au rôle des prestations en nature, et, s'ils ne résident pas dans la commune, auront déclaré vouloir y exercer leurs droits électoraux ;

Seront également inscrits aux termes de ce même paragraphe, les membres de la famille des mêmes électeurs compris dans la cote de la prestation en nature, alors même qu'ils n'y sont pas personnellement portés, et les habitants qui, en raison de leur âge ou de leur santé, auront cessé d'être soumis à cet impôt. Cette disposition ne peut être étendue aux serviteurs.

3° Qui se sont mariés dans la commune et justifieront qu'ils y résident depuis un an au moins ;

4° Qui, en vertu de l'art. 2 du traité du 10 août 1871, ont opté pour la nationalité française et déclaré fixer leur résidence dans la commune.

5° Qui sont assujettis à une résidence obligatoire dans la commune en qualité, soit de ministres des cultes reconnus par l'État, soit de fonctionnaires publics.

30. — L'absence résultant du service militaire ne porte aucune atteinte aux règles ci-dessus.

31. — La commission d'autre part inscrit ceux qui, ne se trouvant pas dans un des cas ci-dessus, demanderont à être inscrits sur la liste électorale et justifieront d'une résidence de deux années consécutives, après avoir déclaré la date et le lieu de leur naissance.

Ainsi, tandis que pour toutes les personnes énumérées dans les 5 premiers articles, l'inscription est de droit, pour les autres elle est subordonnée à une réclamation.

32 — Avant d'examiner la forme et le caractère de cette réclamation, il importe de rattacher à chacune des dispositions précitées les solutions de la jurisprudence.

33. — 1° — Lorsqu'un individu est né dans la commune et y a satisfait à la loi du recrutement, puis a cessé d'y habiter pendant un certain temps et y revient ensuite, il lui suffit d'avoir une résidence nouvelle de six mois pour avoir droit à l'inscription électorale. (Cass. 16 nov. 1874. — Dall. 75, 5, 167.)

34. — Mais pour le maintien sur les listes il est nécessaire que la résidence soit sinon continue, au moins habituelle; on ne maintiendrait donc pas celui qui, né dans une commune, l'aurait depuis plus de deux ans quittée en qualité de domestique. (Cass. 15 mars 1876. — Dall. 76, 1, 227. — Cass. 4 juin 1877. — Dall. 77, 1, 272.)

35. — Le fait de la résidence ne pourrait être suppléé, dans ces circonstances, que par une inscription personnelle au rôle des contributions directes. (Cass. 18 Déc. 1876. — Dall. 77, 1, 178. — Cass. 16 nov. 1874. — Dall. 75, 5, 167.)

36. — Il a été décidé que l'individu qui, ayant tiré au sort dans une commune, y a son domicile légal, est présumé y avoir sa résidence, et que dès lors il ne peut être inscrit dans une autre commune où il est d'ailleurs né, que s'il y a une résidence de six mois. (Cass. 24 avril 1877. — Dall. 77, 1, 300. — Cass. 30 mai 1870. — Dall. 70, 1, 173).

Cette décision repose sur les motifs suivants :

« Attendu que R.... est militaire en activité de service, et que, aux termes du décret du 2 février 1852 (art. 14), il doit être inscrit sur la liste électorale de la commune où il était domicilié avant son départ ; que par le mot *domicilié*, ledit décret a entendu le domicile légal de recrutement, qui a déterminé l'inscription au tableau de recensement; qu'il est constaté par un certificat du maire de la commune de C... que R... a été inscrit sur la liste de recrutement de cette commune; que c'est donc conformément aux dispositions du décret que R... avait été porté sur la liste électorale, et qu'en ordonnant sa radiation, la décision attaquée a violé l'art. 14. »

37. — Il faut observer encore que la résidence de six mois exigée par l'art. 5 de la loi de 1874 doit être antérieure non pas à l'époque de la révision des listes, c'est-à-dire au 1ᵉʳ janvier de chaque année, mais seulement à la clôture définitive de ces listes, c'est-à-dire au 1ᵉʳ avril.

C'est une conséquence légale du principe de la permanence des listes qui ne sont arrêtées pour chaque année que le trente-un mars de cette même année. (Cass. 26 mars 1877. — Dall. 77, 1, 268. — France Jud. I, 696.)

38. — Le même arrêt ajoute que des absences momentanées ne permettent pas de refuser l'inscription aux personnes qui sont dans les conditions prévues par l'art. 5.

Il y a d'ailleurs là une question d'appréciation qui échappe à toute règle précise.

39. — 2° — Le droit d'être porté sur la liste électorale conféré au citoyen inscrit depuis plus d'une année au rôle de l'une des contributions directes ou à celui des prestations en nature, n'appartient qu'à celui qui, après avoir figuré sur les rôles de l'année précédente, continue de figurer sur le rôle dressé pour la nouvelle année pendant laquelle il réclame le maintien de son droit électoral. (Cass 26 mars 1877. — Dall. 77, 1. 268. — Cass. 14 mars 1877. — Dall. 77, 1, 303. — Cass. 8 avril 1878.)

40. — Et cette réclamation peut se faire par simple lettre. (Cass. 16 nov. 1874. — Dall. 75, 1,76.)

41. — L'individu rayé des listes, quoiqu'il soit porté au rôle des contributions de la commune, n'est tenu, pour obtenir sa réinscription que de justifier de l'option qu'il a le droit de faire aux termes de la loi de 1874, de la commune où il veut exercer ses droits. (Cass. 16 mai 1877. — Dall. 77, 3, 389.)

42. — Il a même été décidé que le citoyen inscrit depuis un an au rôle des contributions de la commune où il réside, a le droit de se faire inscrire sur la liste électorale, sans être obligé de déclarer spécialement sa volonté d'y exercer ses droits électoraux, ou de justifier d'une résidence de deux ans. (Cass. 26 mars 1877. — Dall. 77, 3, 386.)

43. — Ainsi il est bien certain que celui qui paie une contribution peut choisir pour son inscription la commune où il paie ou celle où il réside. (Cass. 24 Sept. 1874. — Dall. 74, 1, 491)

44. — S'il choisit celle où il paie une contribution, il n'est pas nécessaire qu'il justifie d'une résidence de six mois. (Cass. 28 mai 1877. — France jud. 11, 62.)

45. — Le droit d'option a été formellement reconnu à ceux-là même qui ont une résidence obligatoire, comme le fonctionnaire tenu au domicile, (Ibid.) ; l'instituteur (Ibid et Cass. 16 nov. 1874. —

Dall. 75, 1, 71.); le sous-inspecteur des douanes.
(Cass. 24 avril 1876.)

46. — En tous cas, celui qui étant inscrit depuis un an au rôle réside effectivement dans la commune, n'a pas besoin pour être inscrit de faire une déclaration de résidence. (Cass. 9 oct. 1874. — Dall. 74, 1, 92)

47. — On doit même maintenir sur la liste celui qui est inscrit aux rôles, alors même qu'il aurait cessé de résider dans la commune. (Cass. 26 mars 1877. — Dall. 77, 3, 386. — Cass. 9 oct. 1874. – Dall. 74, 1, 492.)

48. — L'inscription sur les rôles doit être personnelle. Si pour les rôles des prestations on admet que plusieurs personnes puissent être comprises sur la même cote, il n'en est pas de même pour les quatre contributions directes. (Cass. 8 oct. 1874. — Dall. 75, 1, 79. — Cass. 5 mai 1875. — Dall. 75, 1, 302. Cass. 14 mai 1877 — Dall. 77, 1, 303.)

Nul ne serait donc admis à établir qu'il est réellement propriétaire dans la commune, et comme tel tenu à l'impôt, s'il ne figure pas sur le rôle. (Cass. 5 mai 1875. — Dall. 75, 1, 302.)

49. — Mais cette règle qui est absolue souffre une exception en cas de mutation de cote, car le contribuable substitué par le conseil de préfecture est réputé avoir été personnellement inscrit pour l'exercice entier et il peut figurer l'année suivante sur la liste des électeurs. (Cass. 5 mai 1875. Dall. 75, 302.)

50. — Un individu ne peut exciper de l'inscription au rôle d'une personne dont il est chargé d'administrer la fortune ou d'un propriétaire précédent. (Cass. 14 mars 1877. — Dall. 77, 1, 303.)

Ni de l'inscription de sa femme, quoique marie sous le régime de la communauté et comme tel tenu des impôts. (Ibid.)

• Ni de l'inscription de son père dont il est l'héritier. (Ibid. — Cass. 8 avril 1878.)

51. — Ces principes sont résumés dans un arrêt dont nous citons les motifs.

« Attendu que la loi du 7 juillet 1874, dont le texte est clair et précis, n'autorise point celui qui réclame son inscription sur la liste électorale d'une commune à exciper, comme devant lui être propre, de l'inscription sur les rôles, soit d'un propriétaire précédent, soit des personnes dont il serait chargé par la loi d'administrer les biens ; que son inscription personnelle sur ces rôles, est, aux yeux de la loi, la seule justification régulière du droit qu'elle permet de lui conférer. » (Cass. 26 mars 1877. — Sir. 77, 1, 303.)

52. — Tant que la mutation n'est pas opérée, l'inscription sur le rôle conserve le droit électoral de la personne inscrite, alors même qu'elle ne serait plus propriétaire dans la commune et n'y aurait pas de résidence. C'est une conséquence nécessaire de la loi de 1874. (Cass. 8 oct. 1874 — Dall. 75, 1, 79. — Cass. 5 mai 1877. — Dall. 75, 1, 302. — Cass 14 mai 1877 — Dall. 77, 1, 303.)

53. — Mais cette conséquence ne doit pas être étendue. Ainsi il a été décidé que celui qui a cessé de résider dans la commune où il était inscrit, et qui, d'ailleurs, n'y figurait pas au rôle des contributions ou des prestations en nature, ne pouvait

se faire maintenir sur la liste électorale de cette commune, bien qu'il n'eût point encore le temps de résidence nécessaire pour se faire inscrire sur la liste de la commune où il a sa nouvelle habitation. (Ibid.)

54. — Ces questions de maintien ou de radiation doivent être décidées avec célérité. Ainsi le juge de paix saisi d'une demande tendant à la radiation d'un individu dont l'inscription au rôle de la contribution foncière est contestée, n'est pas tenu de surseoir à statuer jusqu'à ce que l'autorité compétente ait été appelée à opérer la mutation du nom. (Cass. 14 mars 1877. — Dall. 77, 1, 203. — Cass. 24 avril 1877. — Dall. 77, 1, 304.)

« Attendu, dit la Cour suprême, que la loi exige que les questions électorales soient jugées avec célérité et sans forme de procédure, que si elle oblige le juge de paix à surseoir lorsqu'il se trouve en présence de questions d'état (art. 22. Déc. 1852), cette disposition légale déterminée par la nature exceptionnelle de ces questions spéciales n'est pas applicable au cas où il s'agirait pour le demandeur de poursuivre la rectification de l'inscription d'un individu au rôle de la contribution foncière d'une commune.

« Que, dans ce cas, c'est à celui qui prétend contester la qualité d'électeur à se mettre en mesure de faire valoir ses moyens en temps opportun devant le juge qui doit les apprécier ;

« Que le juge de paix, en refusant un sursis, a fait de la loi une saine application ». — (Cass. 14 mai 1877 — Dall. 77, 1, 304.)

Le sursis ne serait pas obligatoire si la contestation était peu sérieuse et si la question d'Etat ne présentait pas de difficulté. (Cass. 15 avril 1878. — Gaz. des Trib. 19 avril.)

55. — Si un électeur qui veut se prévaloir de son inscription sur le rôle des contributions d'une commune pour y voter, est inscrit depuis plusieurs années dans une autre commune, il lui faut préalablement renoncer au bénéfice de cette première inscription, et par conséquent justifier de la radiation de son nom sur la liste. C'est l'application du principe que nul ne peut exercer ses droits d'électeur municipal dans deux communes. (Cass. 9 mai 1877. — France. Jud. 1, 520. — 10 Déc. 1877. — France Jud. 11, 130. — Cass. 8 avril 1878.)

56. —3° — Pour être inscrit sur la liste électorale, d'une commune, il ne suffit pas d'avoir épousé une femme qui en soit originaire, il faut s'y être réellement marié. (Cass. 9 mai 1876. — Dall. 77, 1, 302. — France Jud. 11, 59.)

57. — Mais celui qui s'est marié dans la commune doit être inscrit sur la liste électorale dès qu'il a une résidence d'une année, résidence habituelle, mais non définitive ou continue. (Cass. 18 nov. 1874. — Dall. 75, 1, 76.)

58. — C'est ici encore le juge de paix qui apprécie souverainement la question de savoir si un citoyen a la résidence annale. (Cass. 30 avril 1877. — Dall. 77, 1, 207. — Cass. 22 mars 1876. — Dall. 76, 1, 227.)

59. — 4° — Les curés et desservants ne peuvent être inscrits sur la liste électorale d'une commune autre que celle où ils ont leur résidence obligatoire.

(Cass. 24 avril 1877. — Dall. 77, 1, 272. — Cass. 15 mai 1872. — Dall. 72, 1, 459.)

Lors même que nés dans cette autre commune ils y résideraient et y paieraient des contributions. (Cass. 9 mai 1877. — Dall. 77, 3, 388.)

60. — Il en est de même pour un notaire, qui doit être inscrit dans la commune où il exerce. (Cass. 21 avril 1873. — Dall. 74, 1, 484.)

61. — Mais un avocat à la Cour de Paris peut être inscrit dans une commune des départements. (Cass. 24 avril 1877. — Dall. 77, 3, 388.)

62. — Les ministres du culte attachés comme professeurs à un petit séminaire ou à un autre établissement ecclésiastique, doivent être inscrits dans la commune où est situé cet établissement. (Cass. 24 avril 1877. — Dall, 77, 1, 272.)

63. — La même solution est applicable aux pensionnaires et aux membres d'un grand séminaire à la condition qu'ils aient la résidence d'un an. (Cass. 15 mai 1872. — Dall. 72, 1, 459.)

64. — Quant aux pensionnaires d'un hospice, ils ne peuvent être inscrits sur les listes de la commune où est situé l'hospice que s'ils remplissent les conditions de la loi. (Cass. 1er avril 1873. — Dall. 74, 1, 487, 24 avril 1877. — Dall. 77, 1, 272.)

65. — On assimile aux fonctionnaires assujettis à la résidence obligatoire, au point de vue électoral, les individus employés à titre de maîtres d'études provisoires, en vertu d'une autorisation du recteur. (Cass. 18 nov. 1874. — Dall. 75, 1. 71.)

66. — Peu importe que le fonctionnaire soit rétribué par l'État ou par une administration, s'il a un caractère public (Cass. 23 nov. 1874. — Dall. 75,

1, 71). Ainsi les employés assermentés d'un chemin de fer. (Cass. 18 nov. 1874 — Dall. 75, 1, 71.)

Les employés des sous-préfectures. (Cass. 17 nov. 1874. — Dall. 75, 1, 71.)

Ils doivent donc être inscrits sur les listes sans justification d'une résidence quelconque.

67. — 5° — Aucune difficulté ne peut surgir à l'occasion des Alsaciens-Lorrains qui ont opté régulièrement pour la nationalité française, mais deux questions se rattachent à cet article.

68. — S'il s'agit d'un citoyen appartenant à un pays momentanément annexé, et que celui-ci n'ait pas fait la déclaration prévue par la loi du 14 octobre 1814, dans le but de conserver la qualité de Français, ses enfants ne peuvent se prétendre Français et se faire inscrire sur les listes électorales.

Et il n'y a pas lieu de surseoir jusqu'à ce que la question de nationalité ait été tranchée par les tribunaux compétents. (Cass. 19 mars 1877. — France Jud. 1, 536. — Cass. 26 avril 1875 et 14 mars 1877.)

69. — Quant à celui qui est devenu Français par le fait d'une annexion, il a les mêmes droits qu'un Français de naissance au point de vue électoral. (Cass. 26 mars 1876. — France Jud. 1, 595. — Cass. 22 mai 1865. Sir. 65, 1, 382. — Pal. 65, 984.)

70. — 6° — La demande faite par ceux qui réclament leur inscription sur les listes électorales de la commune où ils ont deux ans de résidence, n'est soumise à aucune forme spéciale, mais elle doit être faite par écrit et déposée à la mairie. Cette demande peut être faite par un simple bulletin remis à la mairie. (Cass. 23 mars 1875. — Dall. 76, 1, 36.)

Et il n'est pas nécessaire qu'elle soit inscrite sur le registre ouvert en conformité du décret du 2 février 1852. — (Ibid),

Elle doit relater le lieu de la naissance du réclamant, et être signée de lui.

Celui qui ne sait pas écrire doit tracer une croix sur le registre des réclamations. (Circ. min. 1er août 1874.)

71. — La demande doit être personnelle (Cass. 1er oct. 1874. — Dall. 74, 1, 491. — Cass. 24 avril 1877. — Dall. 77, 3, 387.)

72. — Le maître ne pourrait donc, sans mandat, réclamer pour son domestique. (Cass. 21 avril 1875. — Dall. 76, 1, 229.)

73. — Le mandat nécessaire pour former une réclamation au nom d'un tiers n'est soumis à aucune forme spéciale, mais il doit être précis et limité; c'est seulement pour le cas ou il s'agit du rétablissement d'un nom inscrit antérieurement, puis rayé, que toute personne peut demander ce rétablissement sans justifier d'un mandat.

Il a été ainsi jugé par la Cour de cassation pour les motifs suivants :

Vu l'art. 5. § 4. L. 7 juillet 1874;

Attendu que d'après ce texte, l'inscription sur la liste électorale des citoyens qui ne sont point compris dans les prévisions des paragraphes précédents est soumise à une double condition : 1° une demande de leur part, 2° la justification de deux années consécutives de résidence dans la commune;

Que la manifestation de la volonté de l'électeur est l'exercice d'une faculté qui n'appartient qu'à lui-même ; qu'elle complète son aptitude légale, en réalisant la condition à laquelle la loi l'a subordonnée ;

Qu'elle ne peut être remplacée par l'exercice du droit de contrôle de tout électeur inscrit, droit rappelé et maintenu par la dernière disposition du même paragraphe ;

Que l'action du tiers électeur est sans influence sur l'existence même des conditions à raison desquelles un citoyen doit être porté sur la liste ; que le droit de celui qui agit se borne à se prévaloir de la capacité de l'électeur omis pour requérir son inscription, en justifiant des divers éléments qui la constituent, et notamment de la demande formée par l'électeur lui-même dans le cas où elle est exigée par la loi. »

(Cass. 21 avril 1875. — Dall. 76, 1, 229. — Cass. 1e oct. 1874. — Sir. 75, 1, 36. — Cass 23 mars 1875. — Sir. 75, 1, 470. — Cass. 19 oct. 1874. — Dall. 74, 1, 77. — Cass. 24 avril 1877. — Dall. 77, 3, 387. — Cass. 30 avril 1877 — France jud. 1, 596.)

74. — Le mandat ne serait pas suffisamment prouvé par le certificat du secrétaire de la mairie attestant la demande d'inscription dans le délai légal, par le prétendu mandataire. (Cass. 16 nov. 1874. — Dall. 75, 1, 76.)

75. — La résidence de deux années suffit pour conférer le droit électoral, alors même que l'électeur aurait son domicile réel dans une autre commune. (Cass. 11 nov. 1874. — Dall. 75, 1, 75. Confér. — Cass. 24 avril 1876. — Dall. 76, 1, 227.)

76. — Mais comment s'établit cette résidence. Sur ce point la loi n'a tracé aucune règle spéciale. La résidence pourra donc être établie par la preuve testimoniale. (Cass. 25 avril 1864.)

Ou par des certificats sérieux. (Cass. 14 mars 1864.) Et la production des pièces propres à l'établir peut être faite devant le juge de paix, alors même qu'elle n'aurait pas été faite devant la commission municipale. (Cass. 23 nov. 1874. — Dall. 75, 1, 75.— Cass. 23 mars 1870.—Dall. 70, 1, 176.)

La preuve de la résidence résulterait encore d'une inscription sur les cadres de l'armée territoriale, de l'acquittement de la taxe des voitures, et de l'inscription sur la liste électorale politique. (Cass. 18 nov. 1874. — Dall. 1875, 1, 76.)

77. — Mais elle ne résulterait pas d'une simple déclaration. (Cass. 23 mars 1875. — Dall. 76, 1, 36.)

78. — Il appartient d'ailleurs au juge de paix de statuer souverainement sur les questions de résidence. (Cass. 5 mai 1875. — Dall. 75, 1, 302. — Cass. 22 mars 1876. — Dall. 76, 1, 227. — Cass. 8 mai 1876. — Dall. 76, 1, 219. — Cass. 5 avril 1878.)

Mais il ne pourrait interpréter une décision administrative. (Cass. 5 mai 1875. —Dall. 75, 1, 302.) S'il s'agit d'une question d'habitation réelle, le juge de paix peut la trancher en droit, à la condition de se conformer aux règles posées par le Code civil. (Cass. 15 déc 1871.— Dall. 72, 5, 173. — Cass. 28 mars 1877. — Dall. 71, 1, 300. — Cass. 30 avril et 7 mai 1877.)

79. — Il convient d'ajouter que l'on peut être inscrit sur la liste politique dans une commune et sur la liste municipale dans une autre. (Cass. 15 mai 1877. — France jud. 11, 43. — Dall. 77, 1, 302. — Cass. 27 juin 1877. — Dall. ibid.)

Cette décision est basée sur des motifs de droit qu'il est intéressant de reproduire d'après la *France judiciaire* :

Attendu que d'après l'article 1er (L. 30 nov. 1875) les listes électorales formées en vue des élections politiques embrassent deux catégories d'électeurs: d'abord ceux qui sont déjà inscrits sur les listes dressées en vertu de la loi du 7 juillet 1874, relative à l'électorat municipal, listes qui comprennent ou peuvent comprendre un certain nombre d'électeurs ne résidant pas dans la commune mais qui y sont portés aux rôles des contributions directes, puis tous les citoyens non inscrits sur la liste précédente, et qui résident depuis six mois dans la commune ; attendu que cette dernière disposition est générale et autorise quiconque habite une commune depuis six mois et réunit, d'ailleurs, les autres conditions d'aptitude légale, à se faire inscrire comme électeur politique sur la liste complémentaire dressée dans cette commune ;

Qu'il importerait peu que le citoyen qui use de ce droit eut précédemment usé de la faculté que lui ouvrait l'art. 5 § 2 de la loi du 7 juil. 1874 de se faire inscrire comme électeur municipal dans une commune qu'il n'habite pas, mais où il est porté au rôle des contributions ; que la loi lui permet bien en ce cas, d'exercer dans le même lieu son double droit électoral, si cela lui convient, mais qu'elle ne lui défend pas, non plus, d'en diviser l'exercice au gré de son intérêt, à la charge par lui d'exprimer à cet égard sa volonté et d'en faire sa déclaration.

Que plus le législateur s'est attaché à distinguer nettement les conditions de l'électorat municipal et celles de l'électorat politique, plus on en doit conclure que l'un des effets de cette distinction est de permettre de les exercer séparément et dans les lieux différents.

Mais, conclut l'arrêt, nul ne peut être inscrit sur deux listes municipales en même temps :

Attendu que la règle qui ne permet pas à un électeur, déjà inscrit sur une liste électorale, de se faire inscrire sur une autre liste avant de s'être faite radier sur la première, trouve son fondement dans le décret-loi du 2 février 1852, notamment dans l'art. 31 de ce décret, punissant toute personne qui aura demandé ou obtenu une inscription sur deux ou plusieurs listes ;

Attendu que, ni la loi du 7 juillet 1874, ni celle du 29 nov. 1875 n'ont abrogé ni modifié cet article 31 ; qu'à la vérité, il résulte du rapprochement de ces deux lois qu'on peut aujourd'hui être inscrit comme électeur dans deux localités différentes, ce qui ne se pouvait auparavant ; mais que néanmoins c'est à la condition d'être inscrit exclusivement pour les élections municipales dans une localité et pour les élections politiques dans l'autre ; qu'aujourd'hui, comme auparavant, il est défendu de demander et d'obtenir son inscription sur deux listes électorales si elles sont toutes deux relatives à des élections de même nature.

(V. aussi Cass. 5 avril 1878.)

80. — *Révision annuelle.*

Les listes électorales sont révisées chaque année d'après les règles qui suivent :

Du 1er au 10 janvier, la commission électorale ajoute à la liste les citoyens qu'elle reconnaît avoir acquis les qualités exigées par la loi, ceux qui acquerront les conditions d'âge et de domicile avant le 1er avril et ceux qui auraient été précédemment omis. — Elle en retranche : 1º les individus décédés ; — 2º ceux dont la radiation a été ordonnée par l'autorité compétente ; — 3º ceux qui ont perdu les qualités requises par la loi ; — 4º ceux qu'elle reconnaît avoir été indûment inscrits, quoique leur inscription n'ait point été attaquée. Elle tient un registre de toutes ces décisions et y mentionne les motifs et les pièces à l'appui. (Déc. 2 févr. 1852, art. 1er, et L. 7 juillet 1874, art. 1er.)

81. — Le tableau des additions et retranchements doit comprendre deux parties distinctes, sous les titres : *Additions, Retranchements ;* il peut en être ajouté une troisième sous le titre de *Rectifications,* pour des erreurs dans le nom, l'âge des électeurs inscrits et maintenus. — Dans la partie consacrée aux retranchements, la commission doit avoir soin de mentionner succinctement le motif de la radiation en regard du nom de l'électeur.

Une copie du tableau des additions et retranchements, et du procès-verbal constatant l'accomplissement des formalités prescrites par l'art. 2 du décr. du 2 février 1852, est en même temps transmise au sous-préfet de l'arrondissement, qui l'adresse, dans les deux jours, avec ses observations, au préfet du département. (Décr. 1852, art. 3.)

82. — Le Préfet peut dans les deux jours qui suivent la réception du tableau, déférer au conseil de Préfecture les opérations de la commission ; la décision du conseil doit être rendue dans les trois jours ; en cas d'annulation, elle fixe le délai dans lequel les opérations devront être refaites.

83. — La liste dressée par la commission est déposée, ainsi que le tableau des *Additions et retranchements,* au secrétariat de la mairie, et pendant 20 jours, du 15 janvier au 4 février, les électeurs peuvent former leurs demandes en inscription ou en radiation, soit en leur nom personnel, soit pour tout autre électeur. (Circ. min., 30 août 1874.)

84. — Le jour même du dépôt, des affiches en donnent avis. Le maire dresse un procès-verbal qui est transmis au Sous-Préfet. L'affichage ni la publication des listes ne sont nécessaires. (Cons. d'Et., 11 avril 1861.)

5.

Une copie de ces listes est envoyée au Préfet et déposée au secrétariat de la Préfecture. (Décr. 11 juillet 1874.)

85. — Les listes qui restent dans la commune sont conservées pour prendre place aux archives.

Tout électeur peut en prendre communication et copie à partir du moment ou le dépôt a été annoncé.

86. — Dans les communes rurales les maires ont coutume d'indiquer les heures auxquelles les électeurs auront le droit de prendre communication des listes. Si la mairie est éloignée du centre de la commune, le maire fait déposer un double des listes et du tableau dans un local où il puisse être à la disposition des électeurs.

Aucune règle, d'ailleurs, n'est prescrite à cet égard, et les électeurs ne pourraient se plaindre de l'omission de ce moyen de publicité qui est purement de convenance.

87. — *Réclamation*. Tout électeur omis sur la liste peut présenter sa réclamation, même par lettre. (Cass. 24 avril 1877. — Dall. 77, 1, 271. — Dall. 74, 4, 76.)

De plus tout électeur inscrit sur la liste peut demander la radiation ou l'inscription d'un individu omis ou inscrit.

Ce point qui ne paraît pas douteux en présence des termes même de la loi a été consacré par un arrêt de cassation dont voici les motifs :

Attendu qu'il résulte du texte de la loi du 7 juillet, 1874, art. 5 n° 4, que tout électeur inscrit sur la liste électorale peut réclamer la radiation ou l'inscription d'un individu omis ou indument inscrit ; attendu, il est vrai, que s'il s'agit d'un individu non encore porté sur la liste électorale depuis la loi du 7 juillet 1874 et qui ne doit pas y être inscrit d'office, son inscription ne peut être demandée que par lui-même ou par son mandataire ; mais qu'il en est autrement, lorsque son nom a été, une première fois, régulièrement inscrit ; que le principe de la permanence des listes, expressément maintenu par la loi, dispense en ce cas l'électeur de faire tous les ans une démarche personnelle pour la conservation de son droit ; que, par conséquent, si le nom dudit électeur est rayé de la liste, tout électeur intéressé peut en réclamer le rétablissement ; qu'il s'agit en ce cas, non pas de la reconnaissance d'un droit nouveau, subordonné à l'initiative personnelle de celui à qui le droit profite, mais du maintien d'un droit antérieurement et régulièrement reconnu. — (Cass. 24 avril 1877. — Dall. 77, 3, 387.)

88. — Le même droit de réclamation appartient aux membres de la commission, au sous-préfet et au préfet.

89. — Chaque réclamation doit être faite par écrit et contenir les motifs sur lesquels elle est fondée ; elle est inscrite sur un registre déposé dans chaque mairie ou dans chaque section et par ordre de date.

90. — Un récépissé doit être donné, mais en l'absence de ce récépissé, la mention sur le registre suffirait pour établir l'existence de la réclamation. (Cass. 6 mars 1865.)

91. — Le délai de 20 jours pour les réclamations est applicable à tous les citoyens, il compte à partir de la publication des listes, mais ne comprend pas le jour même de la publication. (Cass. 31 mars 1865.)

Aucune extension ou prolongation ne peut être accordée pour quelque motif que ce soit. (Cass. 24 avril 1877. — Dall. 77, 1, 271.)

92. — Le registre des réclamations est préparé par le maire dans les derniers jours qui précèdent la publication du tableau des additions et retranchements à la liste électorale ; ce registre contient, sous des titres distincts : 1° la date de la réclamation ; 2° le nom et le domicile du réclamant ; — 3° le nom de la personne au sujet de laquelle est faite la réclamation ; 4° l'objet de la réclamation (inscription ou radiation) ; — 5° la décision (admission ou rejet).

93. — Les réclamations sont jugées par la commission qui a préparé les listes, à laquelle sont adjoints deux autres délégués désignés par le conseil municipal. Elle se trouve donc composée : 1° du maire ou de l'adjoint ou d'un conseiller municipal dans l'ordre du tableau ; 2° d'un délégué de l'administration ; 3° de trois délégués du conseil municipal. (L. de 1874, art. 2.)

Le maire ou le membre qui le supplée préside la commission ; les décisions sont prises à la majorité des suffrages. Elles doivent être consignées par ordre de dates sur un registre et ne doivent pas être inscrites sur des feuilles volantes.

La commission statue à bref délai, elle peut admettre tous les moyens de preuve.

94. — Ces décisions sont notifiées, dans les trois jours, par écrit et à domicile, aux intéressés. La loi ne prescrit aucune forme spéciale pour cette notification, elle est faite ordinairement par le garde champêtre ou par un gendarme.

De plus, tout individu radié d'office par la commission ou dont l'inscription a été contestée, doit être averti par le maire à l'effet de produire ses observations.

Mais cette obligation imposée au maire s'applique uniquement à la contestation élevée par dès tiers-électeurs, et non à celle qui se produit de la part des membres de la commission municipale sur la demande même de l'électeur. (Cass. 15 mai et 27 juin 1877. — Dall. 77, 1, 302.— Hérold, *Droit électoral* n° 180.)

95.— Les commissions municipales doivent donner les motifs de leurs décisions. La loi leur en fait implicitement un devoir, puisqu'elle appelle l'électeur radié à se défendre. Mais les motifs de la radiation doivent être énoncés simplement et sans commentaires injurieux, car, aux termes d'une jurisprudence aujourd'hui constante, les membres de la commission peuvent être poursuivis devant les tribunaux correctionnels pour les motifs diffamatoires donnés dans leurs décisions. (Cass. 13 janvier 1872.)

96. — Et comme la responsabilité qui peut leur incomber à raison du délit commis est celle de droit commun, il n'y a pas lieu de les prendre à partie en cas de poursuite. (Cass. 4 juin 1877. — Dall. 77, 1, 375.)

97.— C'est d'ailleurs au juge du fait, c'est-à-dire au juge correctionnel qu'il appartient de décider souverainement si la décision de la commission municipale constitue une diffamation ou une injure. (Cass. Ibid. — France jud. 1, 660).

Et dans ce cas le juge fait souverainement la répartition des frais entre les parties qui succombent respectivement sur leurs poursuites.

(Cass. 12 mai 1808. — 14 août 1817. — 31 janvier 1827. — 11 nov. 1829. — 17 déc. 1839. — 6 janvier 1841. — 11 janvier 1841. — 12 mai 1841. — 14 mai 1844. — 18 janvier 1860. — 4 août 1864. — 21 août 1872.)

98. — En terminant il n'est pas inutile de rappeler qu'aux termes de la loi du 7 juillet 1874, tous ceux qui auront fait de fausses déclarations ou usé de faux certificats pour se faire inscrire sur une liste électorale, tous ceux qui auront à l'aide des mêmes moyens tenté de faire inscrire ou de faire rayer un électeur, sont passibles d'un emprisonnement de six jours à un an, et d'une amende de 50 à 500 fr. Les coupables peuvent être privés de leurs droits civiques pendant deux ans.

Les mêmes peines atteindraient les complices. Il n'est pas besoin d'en dire davantage pour inspirer aux habitants des communes la plus grande circonspection. Un certificat de complaisance comme on en donne trop souvent, exposerait le signataire à tomber sous le coup de la loi.

99. — Enfin il a été décidé que les irrégularités commises dans la révision des listes électorales pouvaient entraîner l'annulation des élections faites ensuite, si ces irrégularités avaient pu exercer une influence sur le résultat de l'élection. (Cons. d'Et. 2 nov. et 29 déc. 1871. — Dall. 73, 3, 29.)

FORMULES

RELATIVES

AUX OPÉRATIONS DE LA COMMISSION ÉLECTORALE

100. — LISTE ÉLECTORALE

Commune d. . . . . . .

N° d'ordre	NOMS ET PRÉNOMS	DATE de la NAISSANCE	QUALIFICATIONS	DEMEURE	OBSERVAT.

101.— TABLEAU DES ADDITIONS ET RETRANCHEMENTS

Commune d. . . . . .

ADDITIONS

N° d'ordre	NOMS ET PRÉNOMS	DATE de la NAISSANCE	QUALIFICATIONS	DEMEURE	OBSERVAT.

Commune d. . . . . . .

RETRANCHEMENTS

N° d'ordre	NOMS ET PRÉNOMS	DATE de la NAISSANCE	QUALIFICATIONS	DEMEURE	OBSERVAT.

102. — AVIS DU DÉPOT DES LISTES ÉLECTORALES

Liste électorale; révision de. . . .

Les babitants sont prévenus que le tableau contenant les additions et retranchements faits par la commission électorale nommée en vertu de l'art. 1ᵉʳ de la loi du 7 juillet 1874, à la liste électorale de la commune, est déposé au secrétariat de la mairie, et sera communiqué à tout requérant jusqu'au 25 janvier courant, tous les jours de . . . à . . .

Pendant ce délai, les demandes en inscription et radiation seront reçues à la mairie pour être jugées conformémeut à la loi.

Fait à. . . . . . le . . .

Le maire.

103. — PROCÈS-VERBAL DE DÉPOT

L'an mil huit cent . . . . le . . . . . à . . . . nous, maire,

Conformément à l'art. 2 du décret du 2 février 1852 et aux instructions relatives à son exécution, nous nous sommes transporté au secrétariat de la mairie, et y avons disposé pour être communiqué à tout requérant :

1ᵒ La liste générale des électeurs arrêtée par la commission électorale le 31 mars dernier ;

2ᵒ Le tableau des additions et retranchements à ladite liste, dressé par ladite commission électorale, en exécution de la loi du 7 juillet 1874, art. 1ᵉʳ, le. . ., et comprenant les retranchements et les inscriptions nouvelles;

Et immédiatement nous avons fait apposer dans la commune, aux lieux accoutumés, des affiches donnant avis de ce dépôt et faisant connaitre que, pendant vingt jours, à partir d'aujourd'hui, les demandes en inscription ou en radiation seront reçues à la mairie, pour être jugées conformément à la loi.

En foi de quoi nous avons dressé le présent procès-verbal en double expédition, dont l'une restera dans les archives de la mairie et l'autre sera transmise, avec une

copie du tableau de rectification (article 3 du décret),
à M. le sous-préfet.

Fait à . . . . . ., les jour, mois et an que dessus.

Le maire.

104. — REGISTRE DES RÉCLAMATIONS

Commune d. , ...

DATES des RÉCLAMA-TIONS	NOMS ET PRÉNOMS des RÉCLAMANTS	NOMS ET PRÉNOMS des personnes qui font l'objet des réclamations	NATURE DES RÉCLAMATIONS		NATURE de la décision	OBSER-VATIONS
			inscrip-tions	Radia-tions		

105. — RÉCÉPISSÉ DÉLIVRÉ PAR LE MAIRE POUR CHAQUE RÉCLAMATION.

Le maire de la commune d . . . . . certifie que le
sieur . . . . . a déposé aujourd'hui, à la mairie, une réclamation tendant à obtenir son inscription sur la liste
électorale.

Ou bien : l'inscription ou la radiation du sieur . . . .
omis ou indûment inscrit.

Fait à . . . . . . le . . . . . 18 . .

(Signature.)

106. — DÉCISION DE LA COMMISSION ÉLECTORALE SUR UNE DEMANDE EN RECTIFICATION.

Nous, soussignés, membres de la commission électorale
formée en conformité de l'art. 2 de la loi du 7 juillet 1874 ;

Vu le décret organique du 2 février 1852 et la loi du
7 juillet 1874 concernant les listes électorales ;

Vu la liste des électeurs de la commune et le tableau
rectificatif publié le v

Vu la réclamation présentée le . . . . par le
sieur . . . . et par laquelle il demande . . . . . .
(indiquer l'objet de la réclamation, rectification, inscrip-

tion ou radiation), considérant que la demande du sieur . . . . . est . . . . . . (*indiquer ici la décision de la commission*) pour les motifs suivants . . . . . .

Décide :

La demande formée par le sieur . . . .

ou bien, s'il s'agit d'une demande en inscription :

Le sieur . . . . sera inscrit sur la liste électorale de . . . .

Si la demande d'inscription est rejetée on ajoute :

La présente décision sera immédiatement notifiée au réclamant qui demeure prévenu que dans le cas où il se croirait fondé à la contester, il peut en appeler devant M. le Juge de paix du canton, par simple déclaration au greffe, dans les cinq jours de la notification de la présente décision.

Fait à . . . . . . le . . . .

Le délégué de l'administration.	*Les conseillers municipaux délégués.*	*Le maire, Président de la commission.*

107. — NOTIFICATION DE LA DÉCISION DE LA COMMISSION.

Aujourd'hui . . . . mil huit cent . . . . . je, soussigné, garde-champêtre, appariteur *ou* gendarme, agissant en exécution de l'article 4 de la loi du 7 juillet 1874 sur les règles et les formes des listes électorales, et d'après la réquisition de M. le maire, ai représenté à M. X...(*profession et demeure*) la décision de la commission électorale par laquelle sur la réclamation formée par lui le . . . . . . il a été déclaré qu'il n'y avait pas lieu de l'inscrire sur la liste des électeurs de la commune, attendu (*motifs de la décision*).

Lequel arrêté je lui ai notifié conformément à la loi, afin qu'il puisse se pourvoir comme il avisera devant M. le juge de paix du canton dans les cinq jours de la présente notification, pour tout délai, pour le faire réformer s'il y a lieu ; parlant à M ... auquel j'ai laissé copie du présent.

Fait à . . . . , le . . . . . 18 . .   (*Signature.*)

Cette notification sera faite en double : un exemplaire doit être laissé à la partie ; le second doit être rendu au maire.

108.— CLOTURE DE LA LISTE.

L'an mil huit cent . . . . . le . . . . nous, membres de la commission électorale de . . . .

Vu l'art. 7. § 1er du décret règlementaire du 2 février 1872 ;

Vu l'art. 1er de la loi du 7 juillet 1874 ;

Vu les instructions relatives à l'exécution de ces dispositions ;

Après avoir consulté la liste électorale close le 31 mars 18 . . . les tableaux de rectification de ladite liste dressés par nous le 15 janvier dernier et ceux également dressés par nous à la date de ce jour ; lesdits tableaux comprenant les retranchements et les inscriptions nouvelles, opérés conformément à la loi ;

Avons arrêté la liste électorale de la commune, au nombre de . . . . . électeurs savoir ; . . . . électeurs résidant sur le territoire de la Commune et . . . . . électeurs militaires ou marins ;

Et au moyen des éléments qui viennent d'être indiqués, nous avons dressé en un seul contexte la liste électorale, laquelle sera déposée au secrétariat de la commune, pour être communiquée à tout requérant, et servira jusqu'au 31 mars de l'année prochaine, sauf les radiations pour cause de décès ou de perte des droits civils et politiques.

Copie de cette liste sera adressée à M. le sous-préfet, avec les doubles des tableaux de rectification publiés à la date de ce jour, et une expédition du présent arrêté.

Fait à . . . . . . les jour, mois et an que dessus.

Les membres de la commission municipale,

109. — *Recours.* — Dans les cinq jours qui suivent la notification de la décision prise par la commission électorale, les intéressés peuvent interjeter appel devant le juge de paix du canton.

110. — Quant aux *tiers*, c'est-à-dire à ceux dont l'élection n'est pas en question, le délai d'appel qui leur est imparti est de 20 jours à partir de la décision prise, car il n'y a pas de notification. (Cass. 17 mai 1870. — Circ. min. 31 août 1874.)

111. S'il s'agit d'un électeur dont l'inscription a a été annulée ou refusée, le droit d'appel lui appartient, encore bien qu'il n'ait pas été personnellement partie devant la commission, puisqu'il est réellement un intéressé. (Cass. 21 avril 1869.)

112. — Mais les tiers ne sont recevables à interjeter appel que s'ils ont été parties devant la commission. Ils doivent donc être électeurs dans la même commune, mais il n'est pas nécessaire qu'ils figurent sur la même liste. (Cass. 13 mars 1865. V. aussi Cass. 8 mai 1877. — France jud. 1, 519.)

113. — Le maire, non plus que les membres de la commission municipale, n'a qualité, ni pour interjeter appel des décisions de ces commissions, ni pour se présenter ou se faire représenter devant le juge saisi de l'appel qui en aurait été interjeté. (Cass., 2 avril 1860, 5 mars, 17 mars, 7 avril 1873. — Cass. 26 mars 1877. — Cass. 23 avril 1877. — France jud. 1, 668). Mais le droit d'appel appartient au préfet et au sous-préfet.

114. — L'appel se fait par une simple déclaration au greffe de la justice de paix.

Dans la pratique on se sert de la formule suivante.

115. — APPEL D'UNE DÉCISION DE LA COMMISSION
MUNICIPALE.

L'an ..... le ...... au greffe de la justice de paix du
canton de ..... a comparu : M. .... (*noms,
prénoms, profession*) demeurant à. ......

Lequel a déclaré interjeter appel de la décision rendue
le ...... par la commission municipale de la commune
de .... qui l'a radié (ou refuse de l'inscrire) de (ou
sur) la liste électorale de cette commune.

Il produit à l'appui .....

1º La décision.

2º (pièces diverses ......)

Desquelles comparution, déclaration et production, il a
été donné acte au requérant qui a signé avec nous greffier,
après lecture .....

(*ou a déclaré ne savoir signer*).   *Signature* . . . .

116. — Le délai écoulé, les décisions de la commission passent en force de chose jugée. (Cass. 25
avril 1870. —Dall. 71, 1, 63. — Cass. 14 avril 1875. —
Dall. 76, 1, 35.—Cass. 30 avril 1875. —Dall. 76, 1, 411.
24 avril 1876. —Dall. 76, 1, 185, 231). Aucun recours
n'est ouvert contre ces décisions.

Et si une élection est faite ensuite, les réclamants qui ont pu prendre communication des listes
et ont joui du délai légal d'appel, ne pourraient
faire annuler l'élection sous prétexte d'irrégularités commises. (Cons. d'Et. 7 août, 24 Déc. 1875. —
Dall. 75, 3, 29).

117. — A la réclamation doivent être jointes les
pièces sur lesquelles elle s'appuie, et comme aucun
délai n'est imparti pour la production de ces pièces,
elles peuvent être produites pour la première fois
en appel. (Cass. 24 avril 1877. — Dall. 77, 1, 271.

—Cass. 23 nov. 1874. — Dall. 75, 1, 79. — Cass. 23 mars 1870. — Dall. 70, 1, 176.)

118. — Le juge de paix étant juge d'appel en matière électorale est compétent pour apprécier si la commission municipale a été ou non régulièrement composée, il a même l'obligation de le faire. (Cass. 23 avril 1877. — France jud. 1, 568. — Cass. 26 mars 1872 et 8 mai 1878.— Cons. d'Et. 4 juin 1875.)

119.—Il statue dans les dix jours sans frais ni forme de procédure et sur simple avertissement donné.

Cet avertissement est nécessaire, et doit être donné à tous les intéressés trois jours avant l'audience. (Cass. 15 mai 1872.)

120. — Le juge de paix statue souverainement sur les questions de fait. Ainsi il a été décidé qu'on ne pouvait déférer à la Cour de cassation la sentence du juge de paix maintenant la radiation d'un individu qui depuis trois ans a cessé d'habiter la commune sur les listes de laquelle il était inscrit, où il est né, où sa famille réside, s'il ne figure pas sur les listes des contributions et alors même qu'il n'est pas porté sur les listes de sa nouvelle résidence. (Cass. 4 mars 1878. — 8 avril 1878).

On a vu plus haut qu'il appréciait aussi souverainement les questions de résidence et de domicile. (Cass. 21 mars 1876. — Dall. 76, 1, 227. — Cass. 8 mai 1876. — Dall. 76, 1, 229. — Hérold, Dr. Elect. n°⁵ 127 et 128.) Ainsi lorsque le juge de paix a déclaré que le demandeur ne résidait pas dans la commune sur les listes de laquelle il prétendait se faire porter, et ne se prévalait d'ailleurs d'aucune des conditions autorisant son inscription sur les listes d'une commune autre que celle de sa résidence, la Cour de cassation n'a pas à réviser l'appréciation des documents dont le juge de paix a induit le défaut de résidence. Elle n'a pas davantage à se livrer à l'examen de documents nouveaux dont la production est d'ailleurs irrecevable. (Cass. 25 mars 1878. — Gaz. des Trib. 31 mars.)

121. — Mais si la demande dont il est saisi implique la solution préjudicielle d'une question d'état, le juge de paix ne peut la trancher ; il doit renvoyer les parties à se pourvoir devant le tribunal civil. Il fixe alors un délai. (L. 7 juil. 1874, art. 3.)

122. — Lorsqu'il infirme une décision de la commission municipale, il en donne avis au maire, dans les trois jours. (Décr. 1852, art. 6.)

123. — S'il rend un jugement par défaut, la partie intéressée peut former opposition dans les trois jours de la signification. (Cass. 11 mai 1863.)

124. — La décision du juge de paix peut être déférée à la Cour de cassation, mais seulement pour des griefs de droits, car elle est en dernier ressort.

125. — Le défaut de motifs serait une cause de cassation. Mais il a été décidé que le juge de paix motivait suffisamment sa décision lorsqu'il déclarait que le réclamant n'avait pas indiqué sur quel titre il basait sa réclamation. (Cass. 23 avril 1877. —Cass. 7 mai 1877. — Dall. 77, 1, 299.)

126. — Le pourvoi qui n'est pas suspensif, doit être formé dans les dix jours de la notification, alors même que le dixième jour serait un jour férié. On n'applique pas ici la disposition spéciale de la loi du 2 juin 1862. (Cass. 11 mars 1878. — Gaz. des Trib. 25 mars.)

127. — Le pourvoi est un droit purement individuel. (Cass. 16 mai 1849. — Dall. 49, 1, 260.) Il ne peut être formé que par les électeurs qui ont été parties au jugement, alors même que le demandeur aurait assisté aux débats comme mandataire d'un des contestants. (Cass. 1ᵉʳ avril 1878. — Gaz. des Trib. 4 avril. — Cass. 8 avril 1878.);

Il ne peut être formé par le préfet, le maire, ni par les membres de la commission municipale. (Cass. 15 mai 1872 et 8 mai 1877.— France Jud. 77, 1. 519. — Cass. 8 avril 1878 et 8 mai 1878.)

128. — Le pourvoi serait également non recevable s'il était formé dans l'intérêt d'un citoyen dont l'inscription sur la liste électorale n'aurait pas fait l'objet d'une réclamation soumise au juge de paix. (Cass. 1ᵉʳ avril 1878. — Gaz. des Trib. 4 avril.)

Ou dans l'intérêt d'un citoyen qui ne réside pas dans la commune sur la liste de laquelle le demandeur entend le faire porter, et qui ne remplit d'ailleurs, dans cette commune, aucune des conditions pouvant autoriser son inscription sur la liste de ses électeurs. (Ibid.)

129. — Le pourvoi est irrecevable lorsqu'il n'a pas été notifié, dans les délais légaux, aux parties intéressées à faire maintenir la décision contre laquelle il est dirigé.

Le recours doit, par suite, être dénoncé notamment à ceux sur la poursuite ou l'appel desquels la sentence attaquée a été rendue, ainsi qu'à ceux dont le demandeur prétend faire radier les noms de la liste électorale. (Cass. 26 mars 1877. — Cass. 1ᵉʳ et 8 avril 1878, 8 mai 1878.)

Dans la pratique on emploie la formule suivante pour le pourvoi.

130. — Requête en cassation.

Pourvoi pour le sieur.....

Le sieur..... (*noms, prénoms, profession, demeure*) demande la cassation d'un jugement rendu le..... par M. le Juge de paix du canton de........ et prononçant le rejet d'une demande en inscription sur la liste électorale de la commune de.....

Le Jugement est attaqué.... (*exposé des motifs*).

L'exposant conclut en conséquence à ce qu'il plaise à la cour admettre son pourvoi, et y statuant, casser et annuler la décision attaquée, et ordonner que l'exposant sera inscrit sur la liste électorale de la commune de...

Le présent pourvoi a été déposé le..... au Greffe de la Justice de paix de..... avec les pièces à l'appui :

1° (La décision attaquée).

2° (Pièces).

A.... le...... 18....

131.—Le pourvoi peut être fait sur papier libre, il est enregistré gratis comme tous les actes judiciaires en matière électorale. L'intermédiaire d'un avocat à la Cour de cassation n'est pas nécessaire.

L'électeur doit indiquer dans le pourvoi les moyens qu'il entend faire valoir et les textes qu'il prétend violés. (Cass. 21 févr. 1877. — France Jud. 1, 381. — Cass. 18 Déc. 1871, 26 juin 1876, 6 mars 1878 et 25 mars 1878. — Gaz. des Trib. 31 mars. — Cass. 8 avril 1878).

Cependant on admet que si ces moyens n'ont pas été indiqués dans le pourvoi, ils peuvent l'être dans un écrit ultérieur. (Cass. 6 mars 1878.)

132. — Mais un électeur ne pourrait produire des pièces qui n'auraient pas été soumises au juge de paix. (Cass. 7 mai 1877. — Dall. 77, 1, 267, — Cass. 4 juin 1877.— Dall. 77, 1, 272, — Cass. 25 mars 1878).

133. — Les extraits des actes de naissance nécessaires pour établir l'âge des électeurs sont délivrés gratuitement sur papier libre à tout réclamant ; ils portent en tête de leur texte l'énonciation de leur destination spéciale, et ne peuvent servir à aucune autre. (Décr. 1852, art. 24.) — Les pièces et mémoires fournis par les parties sont transmis, sans frais, par le greffier de la justice de paix, au greffier de la Cour de cassation.

134. — La chambre des requêtes statue définitivement sur le pourvoi, sans frais ni consignation d'amende. (Décr. 1852, art. 23.)

135. — *Délais.* — Nous trouvons dans une circulaire du 20 juillet 1874 un tableau des délais impartis par la loi pour les demandes et les réclamations en recours. C'est le meilleur résumé que l'on puisse donner de la loi du 7 juillet 1874.

Préparation du tableau des additions et retranchements . . . . 10 jours.

Délai accordé à la commission. . . . 4 —

Publication du tableau. . . . . . . 1 —

Délai des réclamations . . . . 20 —

Délai pour le jugement des commissions. 5 —

Délai pour la notification de ces décisions. . . . . 3 —

Délai d'appel devant le juge de paix. . 5 —

Délai pour la décision des juges de paix . . . . 10 —

Délai pour la notification de cette décision . . . . 3 —

Dernier délai avant la clôture des listes. 3 —

Délai pour le pourvoi en cassation. . . 10 —

CLOTURE DES LISTES

136.— Les listes ayant été déposées le 15 janvier, c'est donc le 31 mars qu'elles sont closes définitivement pour l'année courante. Aucune modification ne peut plus y être apportée, si ce n'est en vertu d'un arrêt de la Cour de cassation.

Le juge de paix ne pourrait sans excès de pouvoir ordonner une inscription après cette date. (Cass. 10 avril 1864. — Cass. 19 juil. 1865).

137. — La liste définitive signée par les trois membres de la commission doit être inscrite sur un registre, et non sur une feuille volante. Elle est annexée aux archives de la commune et reste à la disposition des électeurs qui ont le droit d'en prendre copie.

Le maire doit adresser une copie de la liste révisée au préfet.

Les élections sont faites sur cette liste pendant toute l'année qui suit la clôture. Elle reste jusqu'au 31 mars de l'année suivante telle qu'elle a été arrêtée, sauf néanmoins les changements qui y auraient été ordonnés dans les délais fixés, et sauf aussi la radiation des noms des électeurs décédés ou privés des droits civils et politiques par jugement ayant force de chose-jugée. (Décr. 1852, art. 8.) — Les modifications qui résultent de ces décisions peuvent être faites à toutes les époques de l'année.

Les maires doivent publier, quelques jours au moins avant les élections, un tableau contenant lesdites modifications.

CHAPITRE III

—

ÉLECTIONS AU CONSEIL MUNICIPAL.

Sommaire alphabétique.

NOMBRE DES CONSEILLERS

138. — Avant d'entrer dans l'examen des attributions conférées par la loi aux conseils municipaux, il convient de résumer les règles qui président à leur formation.

Chaque commune est administrée par un conseil dont les fonctions sont identiques, mais dont la composition numérique diffère sensiblement.

Ainsi le conseil est composé de 10 membres dans les communes de moins de 500 habitants.

De 12 dans celles de		501 à 1,500
— 16	—	1,501 à 2,500
— 21	—	2,501 à 3,500
— 23	—	3,501 à 10,000
— 27	—	10,001 à 30,000
— 30	—	30,001 à 40,000
— 32	—	40,001 à 50,000
— 34	—	50,001 à 60,000
— 36	—	60.001 et au-dessus.

A Paris, les conseillers municipaux sont au nombre de 80.

139. — Le nombre des conseillers municipaux doit être établi d'après la population normale et non d'après la population totale. (Cons. d'Et. 4 juin 1875. — Dall. 76, 3, 21.)

C'est-à-dire qu'on déduit de la population totale :

1° Les troupes de terre ou de mer.

2° Le personnel des maisons centrales.

3° Des maisons d'éducation correctionnelle et des colonies agricoles ;

4° Des maisons d'arrêt, de justice et de correction ;

5° Des dépôts de mendicité ;

6° Des asiles d'aliénés ;

7° Des hospices ;

8° Des lycées et colléges communaux ;

9° Des écoles spéciales ;

10° Des séminaires ;

11° Des maisons d'éducation et écoles avec pensionnat ;

12° Des communautés religieuses ;

13° Des réfugiés à la solde de l'Etat ;

14° Des marins du commerce absents pour voyages au long cours.

On a ainsi la population normale de la commune. Mais le nombre des conseillers municipaux ne doit pas varier avec le chiffre de la population, dans l'intervalle de leur mandat; il reste pendant tout ce temps tel qu'il était à la constitution du conseil. Ainsi lorsque la population a diminué, les élections partielles sont régulièrement faites sur le chiffre primitif, lorsqu'elles sont antérieures à l'expiration du mandat municipal. (Cons. d'Et. 9 janvier 1874. — Dall. 75, 3, 3.)

CONVOCATION DES ÉLECTEURS

140. — Le préfet convoque l'assemblée des électeurs, lorsque le conseil municipal est arrivé au terme de son mandat, qu'il a été dissous ou qu'il est réduit aux trois quarts. Mais il peut convoquer les électeurs sans attendre que le conseil municipal soit réduit aux trois quarts. (Cons. d'Et. Rec. Lebon, 23 février 1877.)

Et cela alors même qu'il n'y aurait dans le conseil qu'une place vacante résultant d'un décès ou d'une démission. (Cons. d'Et. 2 août 1866. — Dall. 68, 5, 165. — Cons. d'Et. 10 avril 1869. Dall. 70, 3, 59.)

On décidait ainsi sous la législation antérieure,

et il n'y a aucune raison de revenir sur cette jurisprudence.

141. — Cependant s'il a été pourvu par des
élections complémentaires aux vacances d'un conseil, et qu'une démission vienne à se produire, il
n'y a pas lieu de faire de nouvelles élections.
(Cons. d'Et. Rec. Lebon, 1er août 1873.)

142. — Le jour de la convocation est fixé par le
préfet qui ne doit choisir qu'un dimanche ou un
jour férié, à peine de nullité des opérations électorales. (Cons. d'Et. 27 avril 1877. — Dall. 77, 3, 74.
Rec. Lebon.)

Les élections faites le jour de l'Ascension seraient
donc valables. (Cons. d'Et. 16 mai 1872.)

143. — S'il est pris dans ces conditions, l'arrêté
de convocation est inattaquable devant le conseil
d'Etat. (Cons. d'Et. 7 avril 1876. — Dall. 76,
3, 665.)

144. — Le préfet peut prendre un arrêté général
pour la convocation des électeurs de toutes les
communes du département, ou les convoquer à
des jours différents par des arrêtés spéciaux et
successifs. C'est au maire à déterminer l'heure et
le local de l'assemblée, à moins que le préfet ne
les ait déterminés lui-même. Dans aucun cas, le
scrutin ne doit se prolonger au-delà de six heures
du soir.

Le maire ne peut, dans le cas où, au jour fixé
par le préfet, pour la réunion de l'assemblée
électorale, il est nécessaire de renvoyer les opérations à un autre jour, convoquer lui-même les
électeurs pour un jour subséquent ; c'est au préfet
seul qu'il appartient de faire cette nouvelle con-

vocation. (Cons. d'Et. 27 juillet 1866.—Dall, 68, 5, 164. — Cons. d'Ét., 21 nov. 1871. — Dall. 73, 3, 33.)

145. — La fixation des jour, heure et lieu du scrutin doit être portée à la connaissance des électeurs par tous les moyens de publicité dont le maire peut disposer. En général, on emploie les affiches, on fait même distribuer les cartes d'électeur à domicile, mais aucune disposition de loi ne prescrit cette remise. (Cons. d'Et. 26 mai 1876.)

Lorsqu'on emploie ce moyen, il importe de veiller à ce qu'aucune omission ne soit commise, car ce serait là une grave irrégularité.

146. — Le vote doit avoir lieu à la mairie. Ainsi la convocation faite par un maire dans sa maison, alors qu'il existe une maison commune, pourrait être une cause d'annulation du scrutin. (Cons. d'Et. 9 déc. 1871. — Dall. 73, 3, 29.)

147. — *Sectionnement.* — Si la commune a été divisée en sections, le préfet peut désigner pour chacune de ces sections un lieu de réunion spécial.

La formation de ces sections appartient au conseil général qui doit tenir un compte exact du nombre des électeurs inscrits. Si donc une section comprenait 500 électeurs et l'autre 400 seulement, un électeur de la première pourrait attaquer et faire annuler les élections en vertu du sectionnement. (Cons. d'Et. 2 et 3 mai 1861.—Cons. d'Et. 2 juillet 1875. — Dall. 75, 3, 105.)

Le recours est porté devant le conseil de préfecture.—(Cons. d'Et. 9 avril, 7 août 1875.— Dall. 75, 3, 105.)

Ainsi, une section ne pourrait comprendre des

habitants appartenant à plusieurs cantons. (Cons. d'Et. 7 août 1875. — Dall. 75, 3, 105).

148. Le sectionnement est fait chaque année par le conseil général pour toutes les communes du département, il a pour but de donner à des fractions de communes qui peuvent avoir des intérêts opposés, leurs représentants au conseil.

Dans ce cas chaque section élit ses conseillers et ne peut en avoir moins de deux.

149. Les délibérations du conseil général pour le sectionnement ne peuvent être déférées au conseil d'Etat pour inobservation des règles déterminées par la loi. (Cons. d'Et. 9 avril 7 août 1875. — Dall. 95, 3, 105.)

Ce sectionnement s'applique à toutes les élections municipales qui ont lieu jusqu'à la session correspondante de l'année suivante, quand même il s'écoulerait plus de douze mois avant cette session. (Cons. d'Et. 17 déc. 1875. — Dall. 76, 3, 44.)

150. — Il ne faut pas confondre ce sectionnement administratif qui a un caractère de permanence avec la division en sections qui a lieu pour la facilité du vote seulement. Ce fractionnnement est fait par arrêté du préfet et non par le maire (Cons. d'Et. Rec. Lebon. 7 août 1876.)

Et dans ce cas chaque section n'a pas à élire un nombre déterminé de conseillers, l'élection est faite pour toute la commune au scrutin de liste.

151. — Le sectionnement n'est pas obligatoire cependant il a été décidé que le refus de diviser une commune en sections suivant un usage établi pourrait être considéré comme une manœuvre de nature à vicier l'élection, s'il se joignait à un acte

analogue comme la fixation de la durée du scrutin à un nombre d'heures inférieur à celui
d'usage, ce fait ayant pu entraîner de nombreuses
abstentions. (Cons. d'Et. 28 mai 1872. — Dall. 73,
3, 29.)

152. — Pendant les vingt jours qui précèdent le
scrutin les conseillers municipaux peuvent faire
afficher leurs professions de foi.

153. — Mais les listes et bulletins ne peuvent
être distribués par le garde-champêtre ou tout
autre agent ou fonctionnaire revêtu d'un caractère public. (Cons. d'Et. Rec. Lebon. 8 mai 1866.
— 24 juin 1868. — 26 février 1872. — 28 mars
1872. — 12 nov. 1875. — 11 février 1876.)

154. — Cette décision ne doit pas toutefois être
étendue, et l'intervention de l'autorité municipale
peut être légitime. Ainsi, il a été décidé qu'on ne
devait pas considérer comme une manœuvre
électorale de nature à vicier l'élection, le fait par
un maire d'annoncer sur des affiches de couleur et
non timbrées, les noms des candidats proposés par
le conseil municipal sortant. (Cons. d'Et. 2 juillet
1875. — Dall. 76, 5, 193.)

155. — Les listes électorales et les bulletins
doivent-ils encore être déposés au parquet? Une
circulaire du 28 déc. 1877 les a affranchis de cette
formalité.

Mais le dépôt avait pour but et pour résultat de
prévenir certaines fraudes qui se produisent fréquemment, ainsi la substitution de certains noms
dans une liste dont l'apparence est identique à
une autre, qui commence et finit de même. La fa-
brication de ces listes peut évidemment abuser des

électeurs illettrés, comment prévenir la fraude, et si elle se produit, comment l'atteindre ?

La question a été soumise à la Cour de Cassation qui l'a tranchée dans un mémorable arrêt dont il importe de citer les principaux considérants :

Attendu que les bulletins électoraux portent avec eux leur signification sans avoir besoin de commentaire, qu'ils sont la manifestation d'une opinion et l'expression d'un vœu en faveur des candidats qu'ils désignent aux suffrages des électeurs.

Attendu que ces bulletins peuvent contenir une offense envers ceux dont le nom serait porté, à leur insu, à côté d'autres noms indignes de figurer sur la même liste ; qu'il pourraient ainsi devenir, par suite de certaines combinaisons artificieuses, une cause de surprise et d'erreur pour ceux qui s'en serviraient dans l'émission de leur vote ; qu'ils pourraient même être l'occasion d'un danger ou du moins d'un scandale public, à raison de certaines candidatures qu'ils proposeraient :... attendu... que l'électeur ne peut se servir de son bulletin pour créer de son chef ou pour propager des candidatures non avouées; que, s'il peut user d'une influence auprès des autres électeurs, son droit quant à la disposition du bulletin de vote n'est pas autre que celui du candidat lui-même... que c'est surtout sous l'empire du suffrage universel qu'il importe de veiller à ce que l'exercice du droit électoral ne dégénère pas en abus : à ce qu'un des devoirs les plus importants de la vie civile s'accomplisse loyalement, sans surprise et sans fraude, et à ce que l'élection soit l'expression fidèle de la volonté de tous ceux qui y prennent part, et non l'œuvre d'individus sans mission et sans responsabilité. (Cass. 30 Janv. 1857.— Dall. 57, 1, 6.)

156. — Aussi la cour suprême, dans un arrêt

tout récent, a-t-elle décidé que la circulaire du 28 déc. 1877 ne pouvait abroger une loi précise et que la loi du 16 juillet 1850 qui a prescrit le dépôt au parquet est toujours en vigueur. L'exception créée par la loi du 30 nov. 1875 ne s'applique qu'aux élections politiques. (Cass. 24 mai 1878).

Cette décision, qui a pour effet de trancher la controverse soulevée, doit faire loi aujourd'hui.

VOTE.

157. — Au jour et à l'heure fixés, le bureau électoral doit être composé. C'est ensuite que l'on procède à l'ouverture du scrutin. (Cons. d'Et. 12 mai 1865.)

Les deux plus âgés et les deux plus jeunes des électeurs présents à l'ouverture de la séance, sachant lire et écrire, remplissent les fonctions d'assesseurs. (Cons. d'Et. 29 déc. 1871. — Dall. 73, 3, 30.)

Mais si par suite d'une erreur et non d'une manœuvre, le bureau électoral comprenait un membre qui ne fut pas électeur, il n'y aurait pas lieu à annulation du scrutin. (Cons. d'Et. Rec. Lebon, 17 mars 1876.)

158. — Le garde champêtre de la commune peut valablement siéger au bureau comme assesseur. (Cons. d'Et. Rec. Lebon, 4 mai 1877.)

159. — Le bureau ne peut être composé à l'avance, et il y aurait nullité du scrutin s'il était formé avant l'heure indiquée pour le commencement des opérations électorales, avec des membres désignés à l'avance malgré les réclamations des électeurs présents.(Cons. d'Et. 5 sept. 1866.—Dall. 68, 5, 164.)

Mais il n'y a pas violation de la loi dans le fait d'inviter à l'avance des électeurs à se trouver de bonne heure dans la salle pour faire partie du bureau. (Cons. d'Et. 18 juillet 1868. — Dall. 68, 5, 164.)

Dans tous les cas il n'y aurait pas lieu d'annuler les opérations électorales sous le prétexte que les membres du bureau auraient été choisis d'avance, si les constatations du procès-verbal établissaient le contraire. (Cons. d'Et. Rec. Lebon, 9 juin 1876.)

160. — Quand il y a un bureau unique, c'est le maire qui préside, alors même que son élection aurait été annulée, s'il n'a pas été remplacé. (Cons. d'Et. 9 mai 1873. — Dall. 74, 3, 29,)

S'il y a plusieurs sections, elles sont présidées par les adjoints, les conseillers municipaux.

161. — Le scrutin pourrait être annulé si un électeur illettré avait été appelé sans nécessité à présider le bureau. (Cons. d'Et. 11 avril 1872. — Dall. 73, 3, 30.)

162. — Le secrétaire du bureau est désigné par le président et les assesseurs ; dans les délibérations, il n'a que voix consultative.

163. — Le bureau étant constitué le président constate l'ouverture du scrutin. Cette constatation est essentielle.

164. — Pendant la séance, le bureau doit être composé de trois membres au moins. Mais si aucune fraude n'a été commise, il n'y aurait pas lieu à annulation du scrutin par ce motif qu'à un moment donné il serait resté moins de trois membres du bureau. (Cons. d'Et. Rec. Lebon, 13 avril 1876.)

Ainsi il a été jugé que la présence d'un seul membre du bureau n'autoriserait pas, s'il n'y a pas eu de fraude, à faire annuler les opérations électorales. (Cons. d'Et. Rec. Lebon, 7 avril 1876.)

165.— Le président a seul la police de l'assemblée, mais il ne peut interdire à des électeurs de rester dans la salle du vote, pendant toute la durée du scrutin, si cette mesure n'est pas nécessitée par un trouble quelconque. (Cons. d'Et. 3 mars 1861, 31 août 1861.)

L'assemblée ne peut s'occuper d'autre chose que des élections, toute discussion ou délibération lui est interdite. (L. 1855. art. 30.)

Nul électeur ne peut entrer dans l'assemblée s'il est porteur d'armes quelconques. (L.1855, art. 37.)

166.— Les électeurs communaux procèdent aux élections qui leur sont attribuées, au scrutin de liste (L. 14 avril 1871, art. 3), c'est-à-dire que le bulletin de chaque votant doit porter autant de noms qu'il y a de conseillers à élire.

167.— Le bureau juge provisoirement les difficultés qui s'élèvent sur les opérations de l'assemblée. Ses décisions sont motivées. (L. 1855, art. 34.)

168. — Pendant toute la durée des opérations, une copie de la liste des électeurs, certifiée par le maire, contenant les noms, domicile, qualifications de chacun des inscrits, reste déposée sur la table autour de laquelle siége le bureau. (Ibid. art. 35.)

169. — Nul ne peut être admis à voter s'il n'est inscrit sur cette liste. Toutefois, sont admis à voter, quoique non inscrits, les électeurs porteurs

d'une décision du juge de paix ordonnant leur inscription, ou d'un arrêt de la Cour de cassation,
annulant un jugement qui aurait prononcé leur
radiation. (Ibid. art. 36.)

Le droit électoral est établi par une carte, mais
un électeur inscrit sur la liste et dont l'identité
n'est pas contestée, doit être admis à voter, quoiqu'il n'ait pas sa carte. (Cons. d'Et. Rec. Lebon,
2 mars 1877.)

Ainsi on ne peut refuser le droit de voter à tout
individu inscrit sur la liste et dont l'inscription n'a
pas été attaquée.

Et cela alors même qu'il s'agirait d'un mineur
admis au bureau comme le plus jeune des membres présents. (Cons. d'Ét. 5 et 11 août 1868. —
Dall. 69, 3, 82, 88.)

170. — D'après l'article 18 du décret du 2 février
1852, sur les élections au Corps législatif, le droit
de vote est suspendu pour les détenus, pour les ac-
cusés contumaces et pour les personnes non inter-
dites, mais retenues dans un établissement public
d'aliénés. Cette règle s'applique aux élections municipales.

171. — En ce qui touche les militaires, voici les
règles à suivre :

Les militaires présents au corps ne prennent
part à aucun vote. (L. 27 juillet 1872, art. 5.)

Ceux qui sont en permission, si longue qu'en
soit la durée, ne peuvent, non plus, prendre part
au vote.

Sont seuls admis à voter : 1° les militaires et assimilés de tous grades et de toutes armes en activité *qui se trouvent en congé régulier* dans la com-

mune où ils ont leur domicile légal et sur les listes de laquelle ils sont inscrits ; 2° les officiers généraux du cadre de réserve, les officiers en disponibilité ou en non-activité ; 3' les jeunes gens du contingent et les engagés volontaires qui se trouvent dans leurs foyers avant d'avoir paru sous les drapeaux : 4° les militaires (troupes) en disponibilité dans les conditions déterminées par la loi du 27 juillet 1872 ; 5° les militaires de la réserve de l'armée active, résidant dans la commune où ils sont inscrits comme électeurs. (Inst. min. guerre 1873.)

Les gendarmes sont complétement assimilés, sous le rapport de l'exercice des droits électoraux, aux militaires des autres armes.

171. — Aucune difficulté s'il s'agit d'un électeur appartenant à l'armée territoriale. Ainsi un officier de cette armée peut voter alors même qu'il fait son stage dans un régiment de l'armée active. (Cons. d'Ét. Rec. Lebon, 7 février 1877.)

172. — Les électeurs sont appelés successivement à voter par ordre alphabétique. Ils apportent leur bulletin préparé au dehors de l'assemblée. Ainsi aucun électeur ne doit écrire son bulletin dans la salle des séances.

173. — Le papier du bulletin doit être blanc et sans signe extérieur. Quand un électeur présente un bulletin de couleur, le président doit, s'il s'en aperçoit, refuser ce bulletin et le remettre à l'électeur, qui peut aller écrire ou faire écrire un autre bulletin sur papier blanc en dehors de la salle.

L'électeur remet au président son bulletin fermé. Le président le dépose dans la boîte du scrutin, laquelle doit, avant le commencement du vote, avoir été fermée à deux serrures, dont les clefs restent, l'une entre les mains du président, l'autre entre les mains du scrutateur le plus âgé.

174. — Le vote de chaque électeur est constaté sur la liste, en marge de son nom, par la signature ou le paraphe de l'un des membres du bureau.

L'émargement à l'aide d'une croix ne suffit pas, mais ce fait ne constituerait pas une cause de nullité. (Cons. d'Et. 16 avril 1856. — 14 juin 1861.)

La réclamation contre un émargement irrégulier doit être faite avant la clôture du procès-verbal, sinon elle n'aurait pas de valeur. (Cons. d'Ét. 19 mai 1876.)

175. — Pendant la durée du vote, les boîtes doivent rester fermées, mais le fait d'ouvrir la boîte du scrutin pour en retirer un second bulletin déposé par erreur, ne peut, si un seul bulletin a été effectivement retiré, donner lieu à une annulation. Il n'y a pas là un acte de nature à altérer la sincérité de l'élection. (Cons. d'Et. 11 juin 1875. — Dall. 76, 5, 182.)

176. — L'appel étant terminé, il est procédé au réappel, par ordre alphabétique, des électeurs qui n'ont pas voté.

177. — Trois heures au moins doivent s'écouler entre l'ouverture et la clôture du scrutin. L'heure de la clôture peut être annoncée de toute manière, par affiche ou à son de caisse. (Cons. d'Ét. Rec. Lebon, 27 avril 1877.)

Il y aurait nullité de l'élection, si le scrutin était clos avant l'heure fixée par l'arrêté préfectoral, et si le changement n'avait pas été annoncé aux électeurs. (Cons. d'Ét. 14 mai 1875. — Dall. 75, 5, 169.)

178. — *Dépouillement* — Dès que le scrutin est clos, le président du bureau procède au dépouillement des votes en présence de l'assemblée. A moins d'un cas de force majeure, il ne peut remettre cette opération au lendemain. (Cons. d'Ét. 15 nov. 1871.)

La boîte du scrutin est ouverte et le nombre des bulletins vérifié. Si ce nombre est plus grand ou moindre que celui des votants, il en est fait mention au procès-verbal.

179. — Le bureau désigne, parmi les électeurs présents, un certain nombre de scrutateurs supplémentaires ne faisant pas partie du bureau.

Ces scrutateurs peuvent être seulement au nombre de deux. (Cons. d'Ét. 10 mars 1876.)

Ils doivent, à peine de nullité, savoir lire et écrire. (Cons. d'Et. 7 août 1875. — Dall. 76, 5, 182.)

Le président et les membres du bureau surveillent l'opération du dépouillement. Ils peuvent y procéder eux-mêmes, s'il y a moins de trois cents votants. (L. 1855, art. 40.)

Les scrutateurs supplémentaires se divisent par tables de quatre au moins; elles sont disposées de manière que les électeurs puissent circuler à l'entour. Le président répartit entre les diverses tables les bulletins à vérifier. A chaque table, l'un des scrutateurs lit chaque bulletin à haute voix et le passe à un autre scrutateur. Les deux autres scrutateurs inscrivent simultanément, sur des feuilles de dépouillement préparées à cet effet, les noms portés sur les bulletins, et s'avertissent mutuellement quand ils ont noté dix voix données à un candidat.

Chaque bulletin doit être lu en entier et à haute voix par le président ou par les scrutateurs, et il ne doit être tenu compte que des noms qui ont été ainsi lus dans l'assemblée. (Cons. d'Ét. 17 juillet 1861.)

180. — Si le dépouillement du scrutin ne peut avoir lieu le jour même, les boîtes contenant les bulletins sont scellées et déposées pendant la nuit au secrétariat ou dans une des salles de la mairie. Les scellés sont également apposés sur les ouvertures du lieu où les boîtes ont été déposées ; le maire prend les autres mesures nécessaires pour la garde des boîtes du scrutin. (L. 1855, art. 41.)

181. — Les bulletins sont valables, bien qu'ils portent plus ou moins de noms qu'il n'y a de conseillers à élire. Seulement les noms inscrits au-delà du nombre nécessaire ne sont pas comptés. (Inst. min. 30 mai 1857.)

182. — Ainsi il a été décidé que les bulletins de vote qui contiennent plusieurs noms doivent entrer en compte pour le calcul de la majorité, alors même qu'il s'agit d'un scrutin individuel. Mais le vote n'est valable que pour le premier nom inscrit. (Cons. Préf. Seine, 1er février 1818.)

Plus spécialement les bulletins déposés dans l'urne destinée à l'élection du conseil général doivent être considérés comme se rapportant à cette élection, alors même qu'ils portent une mention indiquant qu'ils ont été préparés pour l'élection municipale qui a lieu le même jour, et qu'ils

7.

renferment les noms des électeurs notoirement candidats au conseil municipal. (Ibid.)

183. — Mais n'entrent pas en compte dans le résultat du dépouillement et par conséquent ne figurent par dans le calcul de la majorité : Les bulletins blancs ou illisibles. (Cons. d'Et. Rec. Lebon. 9 juin 1876. — Préf. Seine, 9 août 1871 — Dall. 72, 3, 38. — Cons. d'Et. 7 mai 1875. — Dall. 76, 3, 79. — Cons. d'Et. 4 mai 1877.)

Ceux qui portent une mention inconstitutionnelle. — (Cons. d'Et. 9 juin 1876.)

Ceux qui ne contiennent pas une désignation suffisante ou portent un nom dérisoire. (Ibid.)

Ceux dans lesquels les votants se sont fait connaître. (Ibid.)

Ceux qui sont annulés comme faisant double emploi. (Cons. d'Et. 17 mars 1876.)

Ces bulletins doivent être annexés au procès-verbal.

184. — On compte au contraire les bulletins de couleur. (Cons. d'Et. 29 juin 1866. — Dall. 68, 5, 163. — Cons. d'Et. 7 mai 1875. — Dall. 87, 3, 79. — Cons. d'Et. 2 juillet 1875. — Dall. 75, 5, 169. — Cons. d'Et. 17 mars 1876. — Dall. 76, 3, 79.)

Ceux qui contiennent des expressions injurieuses. (Cons. d'Et. 29 déc. 1871. — Dall. 73, 3, 31. — Cons. d'Et. 9 juin 1876.)

Ceux qui portent des signes extérieurs. (Cons. d'Et. 7 mai 1875. — Dall. 76, 3, 79. — Cons. d'Et. 17 mars 1876. — Dall. Ibid.)

Mais quelques taches sur le bulletin ne constituent pas un signe extérieur. (Cons. d'Et. 4 févr. 1876. — Cons. d'Et. 17 mars 1876. — Dall. 76, 3, 79.)

On compte également, en les attribuant aux candidats, les bulletins sur lesquels a été collée une liste différente. (Cons. d'Et. 17 mars 1876. — Dall. 76, 3, 79.)

A la condition toutefois qu'il n'y ait pas là une manœuvre dans le but de porter atteinte à la sincérité du vote.

185. — Si des bulletins doubles sont trouvés dans l'urne, il y a lieu : 1° Si les deux bulletins portent le même nom, d'en tenir un pour valable et d'annuler l'autre ; 2° si les deux bulletins portent un nom différent, de les annuler tous les deux. En conséquence, lorsque de deux bulletins pliés ensemble, l'un a été annulé par le bureau électoral et annexé au procès-verbal, tandis que l'autre a été déclaré valable, mais non annexé au procès-verbal, le Conseil de préfecture, ne pouvant vérifier si les deux bulletins portaient le même nom, doit déduire le bulletin déclaré valable du compte des suffrages exprimés et du nombre des voix obtenues par le candidat proclamé. (Cons. préf. Seine, 1er février 1878. — Cons. d'Et. 18 juin 1875. — Dall. 76, 5, 182.)

186. — L'erreur sur le prénom n'est pas une cause de nullité du bulletin s'il n'y a pas de confusion possible entre deux candidats. (Cons. d'Et. 2 mars 1877.)

Ainsi, pour l'attribution des bulletins qui portent un prénom ou le nom seul, on tient compte de la désignation usuelle du candidat et de son titre de candidat qui doit empêcher toute confusion. — (Cons. d'Et. 30 avril 1875.)

C'est ce qui a été spécialement décidé pour un

conseiller sortant. Il suffit qu'il soit désigné par le nom ou surnom sous lequel il est connu. (Cons. d'Et. Rec. Lebon, 7 avril 1877.)

Si le père et le fils, ou deux parents du même nom, se présentent en même temps, il est facile à l'aide de cette règle de faire l'attribution des bulletins. S'ils ne portent qu'un nom on les comptera à celui qui est le plus souvent désigné par ce nom.

En cas d'erreur dans la désignation ou l'orthographe du nom, le bureau a le droit de restituer au candidat les bulletins qui lui appartiennent réellement.

Mais si un candidat s'était présenté sous un faux nom, il y aurait lieu d'annuler l'élection. (Cons. Préf. Seine, 22 déc. 1874. — Dall. 75, 3, 83.)

187. — Les bulletins qui ne doivent pas être annexés au procès-verbal, sont brûlés en présence des électeurs.

S'il s'élève une réclamation contre un bulletin admis par le bureau comme valable, ce bulletin doit être conservé comme les bulletins nuls pour être annexé au procès-verbal.

188. — Il peut arriver que le nombre des suffrages trouvés dans l'urne dépasse le nombre des votants, ou qu'il y ait des votes irréguliers. Dans ce cas, on retranche aux candidats qui ont obtenu le plus de voix, un nombre de suffrages égal à celui des bulletins irréguliers ou trouvés en trop. (Cons. d'Et. 4 févr. 1876, 23 mars 1876. — Cons. d'Et. Rec. Lebon, 12 mars 1876.)

189. — Le bureau électoral peut statuer provisoirement sur les difficultés qui se présentent pendant les opérations du scrutin, et peuvent

retarder la proclamation du vote, mais il n'est pas juge de la capacité et de l'éligibilité des candidats, et s'il s'élevait une réclamation à cet égard, il devrait passer outre. (Cons. d'Et. 9 août 1869.)

190. — Ainsi il excéde ses pouvoirs en refusant de proclamer un candidat qui a obtenu la majorité des voix en raison de son alliance avec un autre candidat déjà proclamé. C'est le conseil de préfecture seul qui peut prononcer l'annulation de l'élection.

Il ne pourrait pas davantage annuler l'élection d'un candidat qui n'aurait pas l'âge et proclamer le suivant. (Cons. d'Et. 7 avril 1866. — Dall. 67, 3, 15.)

Cependant on admet dans la pratique que si un candidat inéligible donnait sa démission avant le procès-verbal, le bureau électoral pourrait ne pas le proclamer.

Mais dès que la proclamation est faite, le fait est acquis et le bureau ne peut revenir sur sa décision. (Cons. d'Et. 11 juin 1870. — Dall. 71, 3, 85.)

191. — Si deux candidats ont obtenu le même nombre de voix et qu'il n'y ait qu'une place, c'est le plus âgé qui doit être proclamé. Il n'y a pas lieu de recourir à un nouveau tour de scrutin. (Cons. d'Et. 11 avril 1861.)

192. — Pour être élu, le candidat doit avoir obtenu la majorité absolue, c'est-à-dire la moitié plus un des suffrages exprimés et un nombre égal au quart de celui des électeurs inscrits. Si le nombre des votants est impair, la majorité absolue se forme de la moitié plus un du nombre immédiatement inférieur. (Cons. d'Et. 15 nov. 1872.)

Ainsi s'il y a 49 votants celui qui a obtenu 25 voix doit être proclamé. (Cons. d'Et. 23 mars 1877.)

193. — Immédiatement après le dépouillement, le président proclame le résultat du scrutin. (L. 1855, art. 43.)

Dans les communes divisées en plusieurs sections pour la facilité du vote, et sans que chaque section ait à élire un nombre déterminé de conseillers, le dépouillement du scrutin se fait dans chaque section. Le résultat est immédiatement arrêté et signé par le bureau ; il est ensuite porté par le président au bureau de la première section, qui, en présence des présidents des autres sections, opère le recensement général des votes de la commune et en proclame le résultat.

Pour les communes divisées en plusieurs sections dont chacune a à nommer un nombre déterminé de conseillers, le recensement se fait dans chaque section, et le président de la section en proclame le résultat.

194.—Le procès-verbal des opérations électorales est dressé par le secrétaire ; il est signé par lui et par les autres membres du bureau. Une copie, également signée du secrétaire et des membres du bureau, en est aussitôt envoyée au préfet, par l'intermédiaire du sous-préfet. (Ibid. art. 43.)

Toutes les réclamations et les décisions du bureau sont insérées au procès-verbal ; les pièces et les bulletins qui s'y rapportent y sont annexés après avoir été paraphés par le bureau. (Ibid. art. 34.)

195 — *Second tour de scrutin*. — S'il reste des

candidats à élire après le premier tour de scrutin, on procède à un second tour.

Les deux tours de scrutin peuvent avoir lieu *le même jour*. Dans le cas où le deuxième tour de scrutin ne peut avoir lieu le même jour, l'assemblée est de droit convoquée pour le *dimanche suivant*.

Cependant il a été décidé que le second tour pouvait avoir lieu même après l'expiration de ce délai de huitaine déterminé par l'art. 44 de la loi du 5 mai 1855. (Cons. d'Et. 7 avril 1875. — Dall. 76, 3, 65.)

Il en serait ainsi en cas de force majeure, ou bien encore si le maire n'avait pas averti les électeurs. En fait l'hypothèse se réalisera rarement.

Le second tour de scrutin ne dure qu'un jour, comme le premier. La majorité relative suffit.

196. — La vacance qui est produite entre deux tours de scrutin par suite de l'option pour une autre commune d'un des candidats élus au premier tour, ne donne pas lieu à une nomination complémentaire par le second tour. Il doit être pourvu à cette vacance par un vote nouveau et indépendant du premier tour de scrutin auquel il a été procédé. (Cons. d'Et. 20 mars 1866. — Dall. 67, 3, 15.)

Et pour cette élection nouvelle la majorité absolue est nécessaire. (Cons. d'Et. 8 mai 1867 — Dall. 67, 5, 161.)

Il en est de même en cas de démission entre les deux tours de scrutin. (Cons. d'Et. Rec. Lebon, 12 mai 1876. — Dall. 76, 3, 71.)

Sinon le scrutin serait annulé tout entier. (Cons.

d'Et. 25 juillet 1853, 20 mars 1866. — V. Dall. 76, 3, 72.)

197. — Au second tour de scrutin on ne doit pas compter les noms inscrits sur les bulletins au-delà du nombre des conseillers à élire. On ne les ferait même pas entrer en compte, si les premiers inscrits avaient été élus au premier tour. (Cons. d'Et. 25 juin 1875. — Dall. 77, 3, 4.)

C'est l'application stricte de la disposition aux termes de laquelle on doit compter tous les noms inscrits sur la liste à concurrence du nombre de candidats à élire, mais sans jamais dépasser ce chiffre, lors même que les premiers ne seraient pas éligibles.

La proclamation se fait comme au premier tour.

FORMULES RELATIVES AUX ÉLECTIONS MUNICIPALES

198. — AVIS DE L'ÉPOQUE DES ÉLECTIONS ET DU NOMBRE DES CONSEILLERS A ÉLIRE.

Nous, maire de la commune de...

Vu l'arrêté de M. le préfet en date du..., portant convocation des électeurs pour le...

Faisons savoir à tous les électeurs de la commune que ledit jour, heure d..., en la salle principale de la mairie, il sera procédé à l'élection des membres du conseil municipal, au nombre de...

Dans le cas où la commune serait divisée en sections, ayant à élire chacune un certain nombre de conseillers, on ajoutera :

Savoir :

Par la 1re section,... membres.

Par la 2e section,...   —

Fait à..., le...,18...

Le maire.

199. — BULLETIN DE VOTE

1 M.	9 M. . . . .
2 M.	10 M. . . . .
3 M.	11 M. . . . .
4 M.	12 M. . . . .
5 M.	13 M. . . . .
6 M.	14 M. . . . .
7 M.	15 M. . . . .
8 M.	16 M. . . . .

200. — FEUILLE DE DÉPOUILLEMENT DES VOTES.

Population de la commune, ... habitants.
Électeurs inscrits. . . . .
Votants, ...

NOMS des CANDIDATS	10	20	30	40	50	100	TOTAL des suffrages obtenus
Leroux	IIII,IIII	IIII,IIII	IIII,IIII	IIII,IIII	IIII,IIII		
Robert...	IIII,IIII	IIII,IIII	IIII,IIII	IIII,IIII	IIII,IIII		
Etc., etc.							

201. — PROCÈS-VERBAL DE L'ÉLECTION.

L'an... le.... à... heures du matin, dans la salle de...
de la commune de...

En exécution de l'arrêté de M. le Préfet en date du...
par lequel les électeurs sont convoqués à l'effet d'élire les

membres qui doivent composer le conseil municipal conformément à la loi du 5 mai 1855 et du 14 avril 1871,

Le bureau de l'assemblée électorale de la commune de... (..ᵉ section), composé de M..., président, et de MM... désignés, conformément à l'article 31 de la loi de 1855, pour remplir les fonctions d'assesseurs, est entré en séance et a choisi pour secrétaire M... électeur présent qui a pris place immédiatement au bureau.

Le président a déposé sur la table autour de laquelle siége le bureau :

1° Une copie de la liste officielle des électeurs municipaux au nombre de...

2° Les feuilles destinées à l'inscription des votants ;

La boîte du scrutin a été placée aussi sur cette table, et, après avoir été ouverte et vérifiée pour s'assurer qu'elle ne renfermait aucun bulletin, a été fermée à deux serrures, dont les clefs ont été remises, l'une entre les mains de M. le président, l'autre entre celles du plus âgé de ses assesseurs, M...

Les électeurs ayant été introduits dès le commencement de la séance, le président a donné lecture des dispositions pénales relatives aux opérations électorales et a placé en évidence sur le bureau l'extrait de loi qui les contient.

Il a prévenu les électeurs que le nombre des conseillers municipaux à élire était de... et que l'élection devait avoir lieu au scrutin de liste; que, par conséquent, chaque électeur devait inscrire sur son bulletin autant de noms qu'il y a de conseillers à élire, et que les noms inscrits en plus ne seraient pas comptés dans le recensement des suffrages.

Il a donné lecture des articles 9, 10 et 11 de la loi du 5 mai 1872 réglant les conditions d'éligibilité.

Il a ensuite proclamé l'ouverture du scrutin.

A l'appel de son nom, chaque électeur a remis son bulletin fermé au président qui s'est assuré que le pli ne contenait qu'un seul bulletin, et l'a déposé dans la boite du scrutin ; le vote a été constaté par la signature ou le parafe de l'un des membres du bureau, apposé, sur la liste, en marge du nom du votant.

L'appel étant terminé, il a été procédé au réappel de tous ceux qui n'avaient pas voté.

A... du soir (ou du matin) le scrutin étant resté ouvert pendant plus de trois heures, après avoir reçu les votes de tous les électeurs qui se sont présentés jusqu'à cette dernière heure, le réappel terminé, M. le président a déclaré la clôture définitive du scrutin, et il a été procédé immédiatement au dépouillement des votes, auquel les électeurs ont été admis à assister. Ce dépouillement a été fait de la manière suivante :

La boite du scrutin a été ouverte ; les bulletins qu'elle contenait, comptés par les membres du bureau, ont donné les résultats suivants :

Nombre de bulletins trouvés dans la boite...

Nombre de votants constatés par les signatures ou parafes apposés par les assesseurs sur la feuille d'inscription des votants.....

Les bulletins ont été vérifiés sur... tables disposées de telle sorte que les électeurs pussent circuler alentour.

Le bureau a désigné comme scrutateurs MM.. , électeurs présents, sachant lire et écrire, lesquels se sont divisés par table de quatre au moins. M. le président a réparti entre les diverses tables les bulletins à vérifier, et le bureau a surveillé l'opération du dépouillement (Ce passage seulement s'il y a des scrutateurs supplémentaires).

A chaque table, l'un des scrutateurs a lu successivement les bulletins à haute voix et les a passés à un autre scrutateur. Les noms portés sur les bulletins, à l'exception de ceux inscrits en plus du nombre de conseillers à élire, ont été relevés par les deux autres scrutateurs sur des listes préparées à cet effet.

Les bulletins blancs ou illisibles, ceux ne contenant pas une désignation suffisante ou qui contiennent une désignation ou qualification inconstitutionnelle, ou dans lesquels les votants se sont fait connaître, ne sont pas entrés en compte dans le résultat du dépouillement, mais ils ont été conservés pour être annexés au présent procès-verbal. Leur nombre s'est élevé à...

Le dépouillement terminé a donné les résultats suivants :

NOMS DES CITOYENS Qui ont obtenu des Suffrages	NOMBRE DE SUFFRAGES Obtenus

Si l'assemblée électorale avait été divisée, pour la facilité du vote, en plusieurs sections, le résultat du dépouillement, arrêté et signé par le bureau de chaque section, pourrait être porté par le président au bureau de la première section, qui, en présence des présidents des autres sections, opérerait le recensement général des votes et en proclamerait le résultat.

Et dans ce cas, le secrétaire de ce bureau continuerait ainsi son procès-verbal :

« Le... mil huit cent... à..., heures du..., le bureau de la première section de l'assemblée électorale de la commune de..., composée comme il est dit ci-dessus, ayant reçu les procès-verbaux constatant les résultats des votes exprimés dans les assemblées des autres sections, a procédé, en présence des présidents de ces assemblées, au recensement général des suffrages.

« Ce recensement a donné les résultats suivants : »

Lorsque les sections ont à nommer un nombre déterminé de conseillers municipaux, le recensement se fait dans chaque section. Alors, comme dans le cas d'une seule assemblée, il n'y a rien à ajouter, et le procès-verbal se continuera ainsi qu'il suit :

La majorité absolue des suffrages étant acquise à MM... qui, en outre, ont obtenu un nombre de suffrages égal au quart de celui des électeurs inscrits, ils ont été proclamés membres du conseil municipal.

Le nombre des citoyens ayant obtenu la majorité absolue des suffrages et un nombre de suffrages égal au quart de celui des électeurs inscrits, ne complétant pas celui des nominations à faire par l'assemblée, le président a fait annoncer qu'il serait procédé à un second tour de scrutin, le .., à.:., heures du...

Les opérations de l'assemblée électorale de la commune d... étant terminées, les bulletins de vote ont été brûlés; M..., secrétaire de ladite assemblée, a donné lecture du présent procès-verbal, et le président a demandé aux électeurs présents si quelques-uns d'entre eux avaient des réclamations à élever contre les opérations de l'assemblée.

Inscrire ici les réclamations qui seraient admises par le bureau.

Le président a annoncé en même temps que l'on avait, conformément à l'article 45 de la loi du 5 mai 1855, cinq jours pour déposer à la mairie les réclamations contre la validité des opérations de l'assemblée.

Le présent procès-verbal, dont une copie sera immédiatement envoyée à M. le sous-préfet, pour être transmise à M. le préfet, a été dressé et clos séance tenante le..., à... heures du..., et a été signé par M..., président de l'assemblée ; MM..., scrutateurs ; et M..., secrétaire.

(Signatures.)

DEUXIÈME TOUR DE SCRUTIN.

L'an mil huit cent..., le..., à..., heures du..., par suite de l'ajournement prononcé à la séance de..., les électeurs se sont réunis dans la salle ci-dessus désignée, à l'effet de procéder à l'élection de... conseillers municipaux restant à nommer.

Le bureau était disposé comme à la précédente séance.

Le président, les scrutateurs et le secrétaire y ont pris les mêmes places.

Le président a rappelé qu'à ce second tour de scrutin la majorité relative suffisait pour être élu.

Il a été immédiatement procédé à un second scrutin par bulletin de liste, comme pour le premier.

Les mêmes formes ont été observées pour l'appel des électeurs et le dépôt des bulletins, la durée, la clôture et le dépouillement du scrutin. Ce second scrutin a présenté le résultat suivant :

NOMS DES CITOYENS Qui ont obtenu des Suffrages	NOMBRE DE SUFFRAGES Obtenus

On procédera de même qu'au premier tour de scrutin si l'assemblée électorale a été divisée en plusieurs sections, pour la facilité du vote.

MM..., ayant obtenu le plus de voix, ont été proclamés membres du conseil municipal.

Les opérations de l'assemblée électorale de la commune d... étant terminées, les bulletins de vote, à l'exception de ceux réservés pour être annexés au présent, ont été brûlés ; M..., secrétaire de ladite assemblée, a donné lecture du procès-verbal, et le président a demandé aux électeurs présents si quelques-uns d'entre eux avaient des réclamations à élever contre les opérations de l'assemblée.

(Inscrire ici les réclamations, s'il y a lieu.)

Le président a annoncé en même temps que l'on avait, conformément à l'article 45 de la loi du 5 mai 1855, cinq jours pour déposer à la mairie les réclamations contre la validité des opérations de l'assemblée.

Le présent procès-verbal, dont une copie sera immédiatement envoyée à M. le sous-préfet a été dressé et clos séance tenante, le... à... heure.. du.., et a été signé par M..., président de l'assemblée ; MM..., scrutateurs, et M.., secrétaire.

(Signatures.)

RECOURS CONTRE LES ÉLECTIONS
MUNICIPALES.

202. — On verra plus loin les causes de protestations basées sur l'inéligibilité, absolue ou relative, des candidats proclamés par le bureau électoral. Nous indiquons ici la procédure à suivre pour ces réclamations et leurs effets généraux.

203. — Tout électeur a droit d'arguer de nullité les opérations de l'assemblée dont il fait partie.

Les réclamations peuvent être consignées au procès-verbal, sinon elles doivent être, à peine de nullité, déposées au secrétariat de la mairie, dans le délai de cinq jours, à dater du jour de l'élection.

Passé ce délai les électeurs n'ont plus le droit de protester. Seul le préfet peut encore le faire. (Cons. d'Et. 10 mars 1876).

Ainsi un conseiller municipal dont l'élection est attaquée ne peut, s'il n'a protesté dans le délai légal, demander l'annulation de l'élection des conseillers élus avec lui. (Cons. d'Et. 19 mai 1876. — Dall. 76, 3, 72.)

Le délai de cinq jours s'entend de l'intervalle de

cinq jours pleins, qui s'étend du jour même du scrutin au cinquième jour qui suit. Ainsi les élections ayant eu lieu le 1er, c'est le 5 du même mois que le délai expire. On ne pourrait prétendre que, les opérations électorales ayant été terminées dans la nuit à 4 heures du matin, ce fait suffirait à donner un jour de plus pour la réclamation. (Cons. d'Ét. Rec. Lebon, 14 juillet 1876.)

204. — RECOURS CONTRE UNE ÉLECTION
devant le conseil de préfecture.

Conseil de Préfecture de. . . . . .

Les exposants. . . . . . (*noms, prénoms, profession, domicile*), électeurs dans la commune de . . . . .

Déclarent qu'au cours des opérations électorales qui ont eu lieu le. . . dans ladite commune, se sont produits les faits suivants. . . . . . (*récit des faits*).

Que ces faits sont de nature à entraîner la nullité de cette élection ;

Par ce motif, les exposants concluent à ce qu'il plaise au conseil de préfecture annuler l'élection de MM. . . . au conseil municipal de....

Ils demandent en outre à être entendus dans leurs observations orales.

(*Date.*)　　　　　　　　(*Signatures.*)

205. — Les réclamations en matière électorale sont dispensées du timbre. (Cons. d'Ét. 19 janvier 1861.)

Elles sont immédiatement adressées au préfet par l'intermédiaire du sous-préfet ; elles peuvent aussi être directement déposées à la préfecture ou à la sous-préfecture dans le même délai de cinq jours.

Tous les griefs doivent être énumérés dans la protestation ; on ne pourrait les mentionner dans un mémoire explicatif ultérieur déposé après le délai légal. (Cons. d'Et. 25 févr. 1876. — Dall. 76, 5, 183.)

A fortiori ne pourrait-on produire de nouveaux griefs. (Cons. d'Et. 16 juin 1866.— Dall. 68, 5, 165.)

206. — La loi dit formellement que tout électeur a le droit de protester contre une élection municipale, mais cette disposition doit être expliquée, car elle n'est pas restrictive.

Ainsi on a admis qu'un candidat au conseil municipal dont l'éligibilité n'est pas contestée, est recevable, bien qu'il ne soit pas électeur dans la commune, à protester contre les opérations électorales dont le résultat ne lui a pas été favorable. (Cons. d'Et. Rec. Lebon, 9 juin 1876.)

L'électeur doit appartenir à la circonscription électorale dans laquelle le candidat a été élu. Ainsi à Paris les protestations ne peuvent être faites que par les électeurs du quartier et non par ceux d'un autre quartier dépendant du même arrondissement. (Cons. de Préf. Seine, 9 août 1871.— Dall. 71, 3, 112.)

207. — Toutes les protestations ne seraient pas recevables ; ainsi on a rejeté, comme contraire au secret du vote, une déclaration par laquelle un certain nombre d'électeurs affirmaient avoir voté pour une liste de candidats à laquelle le dépouillement n'avait cependant attribué qu'un moindre nombre de suffrages. (Cons. d'Et. 9 juin 1876. Ibid.)

208. — Le recours est soumis au conseil de Préfecture qui apprécie la réclamation et annule ou maintient l'élection ou le scrutin tout entier.

Le candidat dont l'élection est contestée doit être

prévenu du jour ou le conseil de préfecture doit statuer; il a le droit de présenter des observations orales. (Cons. d'Et. 13 avril 1877.)

209. — Le conseil de préfecture est compétent pour apprécier si le nombre des conseillers élus est légal, et si l'arrêté de convocation est conforme à la loi. (Cons. d'Et. 9 janvier 1874. — Dall. 75, 3, 3. — Cons. d'Et. 10 juil. 1874. — Dall. 75, 3, 67.)

Il annule le vote s'il a été ajouté des listes ou des bulletins correspondants à l'émargement d'électeurs absents ou qui n'ont pas voté. (Cons. d'Et. Rec. Lebon, 18 févr. 1876.)

210. — Les procès-verbaux des opérations électorales pouvant être discutés sans inscription de faux, le conseil de préfecture ne pourrait écarter une protestation dont il est saisi, par le motif que les réclamants n'auraient pas fait de diligences à fin d'inscription de faux. (Cons. d'Et. 18 févr. 1876. — Ibid.)

211. — Dans le cas où le nombre de suffrages obtenus par le candidat qui a eu le plus de voix dans un scrutin, n'a été déclaré insuffisant que parce que l'on a compté les bulletins blancs, le conseil de préfecture ne doit pas annuler l'élection, mais il proclame le candidat élu. (Cons. d'Et. 9 août 1871. — Dall. 72, 3, 38.)

Et dans ce cas son arrêté équivalant au procès-verbal d'élection, le délai de recours s'ouvre pour le préfet. (Cons. d'Et. 9 déc. 1871. — Dall. 73, 3, 25.)

Le conseil de préfecture ne peut annuler d'office une élection pour cause d'alliance. (Cons. d'Et. 18 juillet 1866. — Dall. 67, 5, 255.)

Il ne peut pas davantage examiner, après une élection, si la liste électorale était régulière et si les inscriptions ou radiations étaient justifiées. (Cons. d'Et. Rec. Lebon, 7 avril 1876.)

S'il annule une élection il ne peut proclamer élu celui qui vient après le candidat annulé. (Cons. d'Et. 7 avril 1866. — Dall. 67, 3, 15.)

212. — Il peut ordonner une enquête pour la vérification des faits allégués, mais il ne peut en mettre les frais à la charge du réclamant (Cons. d'Et. 26 février 1872. — Dall. 73, 3, 31.)

Ainsi, il a été spécialement décidé qu'on ne pouvait mettre à la charge du réclamant les frais d'une vérification à laquelle un conseil de préfecture avait fait procéder, pour s'assurer de la date du dépôt de la protestation à la mairie. (Cons. d'Et. Rec. Lebon, 19 juil. 1867, 26 fév. 1872. — Ibid.)

213. — Les questions d'état ne sont pas de la compétence du conseil de préfecture, elles doivent être portées devant l'autorité judiciaire; ainsi les questions d'incompatibilité pour alliance. (Cons. d'Et. 27 févr. 1866. — Dall. 67, 3, 15. — Cons. d'Et. 19 juil. 1866. — Dall. 67, 3, 16. — Cons. d'Et. 9 déc. 1871. — Dall. 73. 3, 25.)

Le conseil de préfecture, s'il est saisi d'une de ces questions, doit donc surseoir jusqu'après la décision judiciaire. (Cons. d'Et. 27 fév. 1866. — Ibid. 17 et 19 juil. 1866. — Dall. 67, 3, 16.)

214. — Mais il statue valablement sur les questions d'inéligibilité. (Cons. d'Et. 14 juin 1866, et 6 juin 1872. — Dall. 73, 3, 28.)

S'il n'y a aucun débat sur le caractère de la condamnation encourue. (Cons. d'Et. 9 juil. 1875. — Dall. 76, 3, 75. — Cons. d'Et. 10 avril 1866. — Dall. 67, 3, 19.)

Il ne doit pas davantage surseoir lorsqu'il s'agit d'un individu condamné, puis gracié, s'il n'a pas été déposé de conclusions relatives aux effets produits par la grâce. (Cons. d'Et. 23 mars 1872. — Dall. 73, 3, 29.)

215. — L'arrêté du conseil de préfecture doit être notifié aux réclamants ; mais s'il s'agit d'électeurs réclamant dans un intérêt public et non personnel, l'arrêté rejetant leur protestation n'a pas besoin d'être notifié à tous ; dès qu'il a été notifié à l'un d'eux, le délai du pourvoi devant le conseil d'Etat court contre tous.

216. — Si le conseil de préfecture n'a pas prononcé dans le délai d'un mois, à compter de la réception des pièces à la préfecture, la réclamation est considérée comme rejetée. Les réclamants peuvent se pourvoir au conseil d'État dans le délai de trois mois.

Il en est ainsi alors même que le conseil de préfecture aurait admis un sursis pour la solution d'une question d'état. Sa décision, dans tous les cas, doit être rendue dans le mois. (Cons. d'Et. 19 juil. 1866. — Dall. 68 5, 165.)

Cependant si le conseil de préfecture a statué après le mois et a donné raison aux réclamants, la décision est valable et ceux-ci ne sont pas obligés de se pourvoir devant le conseil d'État. (Cons. d'Et. 10 janvier 1867. — Dall. 69, 3, 1.)

217. — Quand l'arrêté du conseil de préfecture a été rendu par défaut, s'il y a eu opposition, l'arrété sur opposition doit être rendu dans le mois. (Cons. d'Et. 19 juil. 1866. — Dall. 68, 5, 164.)

Passé ce délai, il y aurait excès de pouvoir.(Cons. d'Et. 21 oct. 1871. — Dall. 73, 3, 25.)

218. — Le recours contre la décision du conseil de préfecture se fait dans la forme suivante :

219. — RECOURS DEVANT LE CONSEIL D'ÉTAT.

CONSEIL D'ETAT.

Section du contentieux.

Recours pour MM. . . . . . (*noms, prénoms, professions, domiciles*) contre un arrêté du Conseil de Préfecture de. . . . . en date du. . . . . .

Les exposants défèrent au Conseil d'Etat l'arrêté ci-dessus mentionné.

Ils l'attaquent pour violation de la loi et notamment en ce que. . . . . (*exposé des griefs*)

Par ces motifs et pour tous autres à déduire ultérieurement s'il y a lieu, ils concluent à ce qu'il plaise au Conseil d'Etat annuler l'arrêté attaqué avec toutes les conséquences de droit.

(*Date.*)   (*Signatures.*)

Copie jointe de l'arrêté attaqué

Ce recours est déposé à Paris, au greffe du conseil d'État, il est jugé sans frais, et sans ministère d'avocat.

On ne peut soumettre au conseil d'Etat des griefs qui n'auraient pas été présentés au conseil de préfecture.

220. — Le droit de recours appartient à tout électeur, même à ceux qui n'ont pas été parties dans l'instance engagée devant le conseil de préfecture, s'il s'agit d'attaquer l'annulation prononcée. (Cons. d'Et. Rec. Lebon, 2 nov. 1871.)

Mais quand cet arrêté maintient l'élection, il ne peut être déféré au conseil d'Etat que par les auteurs de la protestation. (Cons. d'Et. Rec. Lebon, 3 mars 1876.)

221. — Le préfet ne peut déférer au conseil d'Etat un arrêté du conseil de préfecture que dans le cas où il a déféré d'office une élection. (Cons. d'Et. 21 oct. 1871, 9 déc. 1871. — Dall. 73, 4, 25.)

En effet, le préfet, s'il estime que les conditions et les formes légalement prescrites n'ont pas été remplies, peut, dans le délai de quinze jours, à dater de la réception du procès-verbal, déférer les opérations électorales au conseil de préfecture.

Mais le ministre a toujours le droit de déférer au conseil d'Etat les arrêtés du conseil de préfecture. (Cons. d'Et. 9 juil. 1875, Cons. d'Et. 7 avril 1876. — Dall. 76, 3, 65. — V. les observations de l'arrêtiste.)

222. — Le recours au conseil d'Etat n'est pas suspensif. En conséquence, le préfet peut, nonobstant un recours contre l'arrêté du conseil de préfecture qui annule les élections, convoquer l'assemblée électorale pour qu'il soit procédé à des élections nouvelles. (Cons. d'Et., 19 mai 1866. — Dall. 67, 5, 159. — Cons. d'Et. 1er juin et 18 août 1866. — Dall. 67, 3, 15.)

223. — Le ministère d'avocat n'est pas nécessaire même pour le pourvoi en révision qui peut, dans certains cas, être formé contre l'arrêté du conseil d'Etat. (Cons. d'Et. 28 mai 1867. — Dall. 68, 3, 89.)

224. — S'il s'agit d'une question d'Etat dont le conseil d'Etat n'est pas juge, il peut être imparti un délai pour faire trancher la question. (Cons. d'Et. 7 août 1875. — Dall. 76, 3, 35. — Cons. d'Et. 6 juin 1872. — Dall. 73, 3, 29.)

225. — En cas d'enquête ordonnée, comme devant le conseil de préfecture, les frais de vérification de la date du dépôt d'une protestation ne doivent pas être mis à la charge du réclamant. (Cons. d'Et. 19 juil. 1867. — Dall. 68, 3, 99.)

226. — Dans le cas où l'annulation de tout ou partie des élections est devenue définitive, l'assemblée des électeurs est convoquée dans un délai qui ne peut excéder trois mois. (L. 1855, art. 48.)

Lorsque les opérations relatives à un second tour de scrutin ont été annulées, les élections nouvelles auxquelles il est procédé par suite de cette annulation ne peuvent avoir lieu qu'à la majorité absolue. (Cons. d'Et. 16 juill. 1861.)

PÉNALITÉS EN MATIÈRE D'ÉLECTIONS.

227. — La loi punit les atteintes portées à l'indépendance et à la sincérité du vote, à la régularité des opérations du scrutin et à la sincérité de son dépouillement.

La condamnation, s'il en est prononcé, ne peut, en aucun cas, avoir pour effet d'annuler l'élection déclarée valide par les pouvoirs compétents ou devenue définitive par l'absence de toute protestation régulière parvenue dans les délais voulus par les lois spéciales. (Décr. 2 février 1852, art. 51.)

228. — *Inscriptions et radiations illégales.* — Ceux qui, à l'aide de déclarations frauduleuses ou de faux certificats, se sont fait inscrire ou auraient tenté de se faire inscrire sur une liste électorale ; ceux qui, à l'aide des mêmes moyens, auront fait inscrire ou rayer, tenté de faire inscrire ou rayer indûment un citoyen, et les complices de ces délits seront passibles d'un emprisonnement de six jours à un an, et d'une amende de 50 à 500 fr. Les coupables pourront, en outre, être privés pendant deux ans de l'exercice de leurs droits civiques.

L'art. 463 du Code pénal est dans tous les cas applicable (7 juillet 1874, art. 6).

Toute personne qui s'est fait inscrire sur la liste électorale sous de faux noms ou de fausses qualités, ou a, en se faisant inscrire, dissimulé une incapacité prévue par la loi, ou a réclamé et obtenu une inscription sur deux ou plusieurs listes, est punie d'un emprisonnement d'un mois à un an, et d'une amende de 100 à 1,000 francs. (Décr. 2 février 1852, art. 31.)

229. — *Votes illégaux.* — Celui qui, déchu du droit de voter, soit par suite d'une condamnation judiciaire, soit par suite d'une faillite non suivie de réhabilitation, a voté, soit en vertu d'une inscription sur les listes antérieures à sa déchéance, soit en vertu d'une inscription postérieure, mais opérée sans sa participation, est puni d'un emprisonnement de quinze jours à trois mois, et d'une amende de 20 à 500 francs. (Décr. 2 fév. 1852, art. 32.)

Quiconque vote dans une assemblée électorale, soit en vertu d'une inscription obtenue sous de faux noms ou de fausses qualités, ou en dissimulant une incapacité prévue par la loi, soit en prenant faussement les noms et qualités d'un électeur inscrit, est puni d'un emprisonnement de six mois à deux ans et d'une amende de 200 à 2,000 francs. (Décr. 2 fév. 1852, art. 33.)

Est puni de la même peine tout citoyen qui a profité d'une inscription multiple pour voter plus d'une fois. (Décr. 2 fév. 1852, art. 34.)

230. — *Infidélités dans la garde ou le dépouillement du scrutin.* — Quiconque étant chargé, dans un scrutin, de recevoir, compter ou dépouiller les bulletins contenant les suffrages des citoyens, soustrait, ajoute ou altère des bulletins, ou lit un nom autre que celui inscrit, est puni d'un emprisonnement d'un an à cinq ans et d'une amende de 500 à 5,000 francs. (Décr. 2 février 1852, art. 35.)

231. — *Manœuvres.* — Ceux qui, à l'aide de fausses nouvelles, bruits calomnieux ou autres manœuvres frauduleuses, ont surpris ou détourné des suffrages, déterminé un ou plusieurs électeurs à s'abstenir de voter, sont punis d'un emprisonnement d'un mois à un an et d'une amende de 100 à 2,000 fr. (Décr. 2 fév. 1852, art. 40.)

La peine de un an à cinq ans de prison et de 500 à 5,000 francs d'amende est appliquée à tout individu qui, chargé par un électeur d'écrire son suffrage, a inscrit sur le bulletin un nom autre que celui qui lui était désigné. (Décr. 2 fév. 1852, art. 36.)

232. — *Corruption.* — Quiconque donne, promet, ou reçoit des deniers, effets ou valeurs quelconques, sous la condition soit de donner ou procurer un suffrage, soit de s'abstenir de voter, est puni d'un emprisonnement de trois mois à deux ans et d'une amende de 500 à 5,000 fr. Sont punis des mêmes peines ceux qui, sous les mêmes conditions, ont fait et accepté l'offre ou la promesse d'emplois publics ou privés.

Si le coupable est fonctionnaire public, la peine est du double. (Décr. 2 fév. 1852, art. 38.)

Toute tentative de corruption par l'emploi des moyens indiqués dans les articles 177 et suivants du Code pénal (c'est-à-dire par offres ou promesses, dons ou présents) pour influencer le vote d'un électeur ou le déterminer à s'abstenir de voter est punie d'un emprisonnement de trois mois à deux ans et d'une amende de 50 à 500 fr. ou de l'une de ces deux peines seulement, sauf l'application de l'art. 463 du Code pénal. (Art. 19, loi du 2 août 1875.)

233. — *Violences et menaces.* — Celui qui entre dans l'assemblée électorale avec des armes apparentes est passible d'une amende de 16 à 100 francs. La peine serait d'un emprisonnement de quinze jours à trois mois et d'une amende de 50 à 500 francs si les armes étaient cachées. (Décr. 2 fév. 1852, art. 37.)

Ceux qui, par voies de fait, violences ou menaces contre un électeur, soit en lui faisant craindre de perdre un emploi ou d'exposer à un dommage sa personne, sa famille ou sa fortune, l'ont déterminé à s'abstenir de voter ou ont influencé son vote, sont punis d'un emprisonnement d'un mois à un an et d'une amende de 100 à 1,000 francs.

La peine est du double si le coupable est fonctionnaire public (Décr. 2 fév. 1852, art. 39).

Lorsque, par attroupements, clameurs ou démonstrations menaçantes, on a troublé les opérations d'un collége électoral, porté atteinte à l'exercice du droit électoral ou à la liberté du vote, les coupables sont punis d'un emprisonnement de trois mois à deux ans et d'une amende de 1,000 à 2,000 francs. (Décr. 2 fév. 1852, art. 41.)

Toute irruption dans un collége électoral consommée ou tentée avec violence en vue d'empêcher un choix, est punie d'un emprisonnement d'un an à cinq ans, et d'une amende de 1,000 à 5,000 fr. (Décr. 2 fév. 1852, art. 42.)

Si les coupables sont porteurs d'armes, ou si le scrutin a été violé, la peine est la réclusion (Décr. 2 fév. 1852, art. 43).

La peine est des travaux forcés à temps, si le crime est commis par suite d'un plan concerté pour être exécuté soit dans tout le territoire, soit dans un ou plusieurs départements, soit dans un ou plusieurs arrondissements (Décr. org. 2 fév. 1852, art. 44.)

Les membres d'un collége électoral qui, pendant la réunion, se sont rendus coupables d'outrages ou de violences soit envers le bureau, soit envers l'un de ses membres, ou qui, par voies de fait ou menaces, ont retardé ou empêché les opérations électorales, sont punis d'un emprisonnement d'un mois à un an, et d'une amende de 100 fr. à 2,000 fr. (Décr. org. 2 fév. 1852, art. 45.)

Si le scrutin a été violé, l'emprisonnement est d'un an à cinq ans, et l'amende de 1,000 fr. à 5,000 francs. (Même art.)

L'enlèvement de l'urne contenant les suffrages

émis et non encore dépouillés est puni d'un emprisonnement d'un an à cinq ans, et d'une amende de 1,000 fr. à 5,000 fr.

Si cet enlèvement a été effectué en réunion ou avec violence, la peine est la réclusion (Décr. 2 fév. 1852, art. 46).

La violation du scrutin faite soit par les membres du bureau, soit par les agents de l'autorité préposés à la garde des bulletins non encore dépouillés, est punie de la réclusion (Décr. 2 fév. 1852 art. 43).

234 — *Distribution par des agents de l'autorité.* — Est punie d'une amende de 16 fr. à 300 fr., sauf réduction par application de l'art. 463 du Code pénal, si le tribunal correctionnel admet les circonstances atténuantes, toute distribution par tout agent de l'autorité publique ou municipale de bulletins de vote, professions de foi et circulaires des candidats (L. 30 nov 1875, art. 22).

235. — *Juridictions, circonstances atténuantes, confusion de peines.* — Les crimes ci-dessus prévus sont jugés par la Cour d'assises.

Les délits sont jugés par les tribunaux correctionnels.'(Déc. 2 fév. 1852, art. 48).

L'art 463 du Code pénal (qui permet d'abaisser la peine en cas d'admission de circonstances atténuantes) peut être appliqué. (Ibid.)

En cas de plusieurs crimes ou délits commis antérieurement au premier acte de poursuite, la peine la plus forte est seule appliquée. (Déc. 2 fév. 1852, art. 49).

236. — *Prescription.* — L'action publique et l'action civile sont prescrites après trois mois, à partir

de la proclamation du résultat de l'élection (Décr.
2 fév. 1852, art. 50)

237. — *Poursuite.* — La poursuite appartient
au ministère public, et de plus à tout électeur de
la commune.

Il a été tout récemment décidé par la Cour de
cassation que l'article 123 de la loi des 15-18 mars
1849, qui donne à chaque électeur d'une circonscription le droit de poursuivre les crimes et délits
électoraux commis dans sa circonscription, est encore en vigueur. Aucune loi postérieure ne l'a, ni
explicitement, ni implicitement abrogé. Ce droit
implique nécessairement pour chaque électeur le
droit de se constituer partie civile devant le Tribunal correctionnel.

Cette solution qui est d'un grand intérêt, est basée sur les motifs suivants :

« Sur le moyen tiré de la violation de l'article 123 de
la loi des 8-28 février 1849, en ce que l'arrêt attaqué
aurait refusé à un électeur d'une circonscription électorale le droit de se constituer partie civile pour la poursuite d'un délit commis à l'occasion d'une élection dans
la même circonscription :

« Vu l'article 123 de la loi des 8-28 février et 15 mars
1849 ainsi conçu : « Les électeurs du collége qui aura
« procédé à l'élection à l'occasion de laquelle les crimes
« ou délits auront été commis, auront seuls qualité pour
« porter plainte ; toutefois, leur défaut d'action ne por-
« tera aucun préjudice à l'action publique ; »

« Attendu que cet article reconnaît expressément à
tous les électeurs d'une circonscription, à raison de leur
seule qualité, le droit de poursuivre comme partie civile
les crimes ou délits commis à l'occasion des élections qui
ont lieu dans leur collége ;

« Attendu que le sens de ce texte, déjà si clair par lui-même, est confirmé par les travaux préparatoires et par l'ensemble des dispositions de la loi de 1849 ; qu'en effet, cette loi, admettant que tous les électeurs sont intéressés à la sincérité des listes et des opérations électorales, leur accorde, par son article 7, le droit de réclamer l'inscription ou la radiation de tout individu omis ou indûment inscrit, et, par une conséquence du même principe, leur donne le droit de se porter partie civile pour la répression des crimes ou délits électoraux, tout en subordonnant leur action à une prescription spéciale de trois mois ;

« Attendu que l'article précité est toujours en vigueur ; que, s'il n'a pas été reproduit dans le décret du 2 février 1852 qui a remplacé la loi de 1849, il n'en résulte pas qu'il ait été abrogé ; qu'en effet, le décret de 1852 n'abroge les lois antérieures qu'en ce qu'elles ont de contraire à ses dispositions, et l'article précité n'a rien d'incompatible avec le texte et l'esprit de ce décret qui, d'une part, consacre au profit des électeurs le droit de réclamer contre les omissions ou radiations indues et qui, d'autre part, confirme implicitement leur droit analogue d'agir comme parties civiles pour la poursuite des délits électoraux, en rappelant le délai spécial dans lequel cette action doit être exercée ;

« Attendu qu'il en est de même de la loi du 30 novembre 1875 qui se réfère également aux lois antérieures pour tout ce qui n'est pas contraire à ses propres dispositions ;

« Attendu, dès lors, qu'en refusant d'admettre Anterrieu à poursuivre, comme partie civile, les délits électoraux dont il avait saisi la juridiction correctionnelle, l'arrêt attaqué a formellement violé l'article 123 de la loi des 8-28 février et 15 mars 1849. (Cass. 16 mars 1878. — Gaz. Trib. 18 mars.)

CHAPITRE IV

QUI PEUT ÊTRE CONSEILLER MUNICIPAL?

Sommaire alphabétique.

---

238. — En règle générale, on peut dire que tout citoyen âgé de 25 ans au jour du vote, est apte à siéger au conseil d'une commune, qu'il y soit ou non domicilié, s'il y paie une contribution. Mais à cette règle la loi a introduit de nombreuses exceptions qu'on appelle, en langage juridique, des incapacités ou des incompatibilités.

Il importe de distinguer d'abord entre ces deux causes d'exclusion. Car si les unes tiennent à la personne même, les autres résultent seulement des professions exercées ou des positions occupées par les candidats. Aussi les premières sont-elles infamantes, tandis que les secondes ne peuvent à aucune espèce de titre entacher l'honorabilité des candidats ; elles disparaissent d'ailleurs dès que le candidat change de position ou résigne ses fonctions.

INCAPACITÉS.

239. — Les incapacités sont celles qui atteignent les électeurs, telles qu'elles ont été établies par le décret de 1852 dont le tableau a été donné au chapitre 1ᵉʳ. (Cons. d'Et. 23 mars et 6 juin 1873. — Dall. 73, 3, 28.)

240. — Ainsi n'est pas éligible l'huissier destitué après une condamnation correctionnelle. (Cons. d'Et. 18 juin 1876. — Dall. 67, 3, 19.)

Alors même qu'il figurerait sur la liste électorale et qu'à ce titre il pourrait voter.

241. — Par application de la loi de 1874, est inéligible au conseil municipal, celui qui a cessé d'être propriétaire dans une commune avant le commencement de l'année, bien que la cote soit restée en son nom. (V. Cons. d'Et. 19 déc. 1871. — Dall. 73, 3, 28.)

242. — Celui qui ayant acquis une propriété dans le courant de l'année précédente, n'a ni demandé la mutation de cote avant la publication des rôles, ni réclamé son inscription au rôle devant le conseil de préfecture.

243. — Celui qui n'étant ni domicilié dans la commune, ni inscrit au rôle au 1er janvier, a acquis une propriété postérieurement à cette date, alors même qu'il s'est engagé envers son vendeur à acquitter les contributions de l'année entière. (Cons. d'Et. 18 juin 1872. — Dall. 73, 3, 28.)

244. — Tandis qu'on doit considérer comme éligible celui qui est imposé au moment de l'élection à la contribution des patentes, par suite de son inscription sur le rôle supplémentaire. (Cons. d'Et. 6 août 1875. — Dall. 76, 3, 34.)

245. — Et celui qui paie effectivement une contribution, même si la cote n'est pas à son nom. (Cons. d'Et. 3 nov. et 11 déc. 1871. — Dall. 73, 3, 28.)

246. — Il n'y a aucune incapacité résultant des infirmités physiques. Ainsi un aveugle peut faire partie d'un conseil municipal.

INCOMPATIBILITÉS.

247. — Les incompatibilités qui tiennent à des causes bien différentes sont presque aussi nombreuses que les incapacités. Toutes s'expliquent par la nature des fonctions ou des positions qui les engendrent.

Ainsi ne peuvent être conseillers municipaux :

1° Les comptables des deniers communaux et les agents salariés de la commune ;

2° Les entrepreneurs de services communaux ;

3° Les domestiques attachés à la personne ;

4° Les individus dispensés de subvenir aux

charges communales et ceux qui sont secourus par les bureaux de bienfaisance.

Quelques explications ne seront pas inutiles pour faire comprendre quelle est l'étendue des incompatibilités un peu vagues que la loi de 1855 a créées, et que la jurisprudence a eu mission de déterminer d'une manière plus étroite.

248. — § Ier. *Comptables de deniers communaux et salariés de la commune.* — Quels sont les comptables des deniers communaux ?

La réponse à cette première question, si simple qu'elle paraisse, est cependant complexe. Il est bien évident que les agents chargés de percevoir les deniers de la commune et d'en faire emploi sont des comptables communaux ; ainsi les percepteurs des droits des halles, les régisseurs d'un octroi municipal et les receveurs des contributions.

249. — Mais il est d'autres personnes qui doivent compte à la commune et qui cependant ne sauraient être rangées parmi les comptables de ses deniers, tels sont les fermiers ou sous-fermiers communaux. (Cons. d'Et. 12 novembre 1875.)

La jurisprudence constante du Conseil d'Etat les autorise à entrer au conseil municipal, et il faut étendre cette interprétation non-seulement à ceux qui louent à bail une propriété de la commune, comme un établissement de bains de mer, mais encore aux adjudicataires des fournitures à faire à la commune, même pendant plusieurs années.

250. — Et par suite à ceux qui se sont constitués cautions du fermier d'un établissement communal,

tel qu'un établissement thermal. (Cons. d'Et. 15 juin et 10 juil. 1866 — Dall. 67, 3, 16.)

251. — Il a été aussi décidé que l'entrepreneur de fournitures des charbons ou des houilles nécessaires à l'établissement de gaz d'éclairage d'une commune, peut y être nommé conseiller municipal. (Cons. d'Et. 16 avril, 20 mars 1856.)

252. — Tandis que le directeur qui administre l'usine est inéligible. (Cons. d'Et. 3 déc. 1875. — Dall. 76, 3, 48. — J. Cons. Préf. 76, p. 78.)

253. — Au sujet des incompatibilités comprises dans cette première catégorie, il s'est élevé une délicate question dont la solution, malgré des décisions nombreuses, est demeurée incertaine. Les fonctions de membre des commissions administratives des établissements charitables sont-elles compatibles avec celles de conseiller municipal ?

Si l'on ne consultait que la pratique, on n'hésiterait pas à répondre affirmativement. Mais cette pratique née d'une simple tolérance est absolument contraire à la loi ; on ne peut même se l'expliquer que par un abus d'interprétation. Ce n'est pas en effet à la loi générale de 1855 qu'il faut s'en référer pour chercher la solution du débat, c'est à des lois spéciales des 21 vendémiaire et 17 frimaire an III, dans lesquelles on lit : « Il y a incompatibilité entre deux emplois lorsque le titulaire de l'un est tenu d'exercer ou de concourir à exercer une surveillance médiate ou immédiate sur la gestion du titulaire de l'autre emploi. » Or le conseiller municipal doit contrôler la gestion de l'administrateur d'un établissement de bienfaisance.

Il ne saurait d'ailleurs rester de doute quand on consulte l'instruction générale du 20 juin 1859, qui porte : « Les percepteurs, receveurs des communes et d'établissements de bienfaisance ne peuvent cumuler leurs fonctions avec celles de membres des conseils municipaux. » Quelle que soit la netteté de ces deux documents, dans la pratique on a quelquefois fermé les yeux sur cette cause d'incompatibilité. Il serait illégal de n'en pas tenir compte.

254. — *Agents salariés.* — Quant aux agents salariés que la loi exclût encore du conseil municipal, il n'est pas difficile de les définir. L'agent salarié est tout individu qui touche un traitement sur les fonds communaux, qu'elle que soit la nature de ses fonctions. Ainsi, le sonneur de cloches. (Cons. d'Et. 7 août 1872. Dall. 73, 3, 26.)

L'individu qui touche un salaire pour monter l'horloge communale. (Cons. d'Et. 6 juin 1866. — Dall. 67, 3, 17.)

De même, ne peut être élu le médecin auquel la commune alloue un traitement pour visiter ses indigents et constater les naissances ou les décès. (Cons. d'Et. 28 mars 1866. — Cons. d'Et. 25 juin 1875. — Dall. 76, 3, 34, et 7 août 1875.)

A moins qu'il n'ait donné sa démission avant l'élection. (Cons. d'Et. Rec. Lebon. 17 mars 1876.)

Ou qu'il renonce à son traitement. (Cons. d'Et. 5 août 1868. — Dall. 69, 3, 82.)

255. — Mais on ne doit pas considérer comme inéligible un médecin commissionné par le préfet pour donner des soins aux indigents d'une commune et payé par le bureau de bienfaisance, alors même que les particuliers le chargent de constater les décès moyennant une rétribution payée par la commune. (Cons. d'Et. Rec. Lebon, 23 mars 1877.)

256. — On s'est demandé s'il doit en être de même des médecins ou pharmaciens qui sont payés sur des fonds votés par la commune pour les visites faites par eux aux indigents domiciliés. La question n'est pas sans intérêt, car certaines communes se sont imposées pour former une sorte de fonds de secours. Les cotisations sont centralisées au chef-lieu du département et les malades inscrits sur la liste des indigents ont le droit de s'adresser à un médecin et à un pharmacien de leur choix. Ces médecins et pharmaciens sont ensuite payés sur un état comprenant le nombre de leurs visites ou de leurs fournitures. Nous pensons que, dans l'espèce, ces médecins et pharmaciens ne recevant pas un traitement, mais bien des honoraires proportionnels et essentiellement variables, ne peuvent être considérés comme salariés par les communes. Si, au contraire, ils avaient accepté un traitement à forfait, ils seraient nécessairement rangés dans la catégorie des agents que la loi exclut du conseil.

257. — La question s'est aussi posée à l'égard des directeurs et professeurs des écoles préparatoires de médecine, ou du médecin en chef d'un hospice municipal, nommé par la commission administrative des hospices et dont le traitement est prélevé sur le budget de l'hospice (Cons. d'Et. 28 mars 1866. — Dall. 67, 3, 17.)

La solution n'est pas douteuse. Aux termes d'une

jurisprudence constante, ils sont éligibles au conseil municipal. (Cons. d'Et. 23 mars 1861.)

Il en serait de même du médecin de l'octroi. (Cons. d'Et. 28 mars 1866. — Dall. 67, 3, 17.)

258. — Pour le médecin du bureau de bienfaisance à Paris, le doute n'est pas possible puisqu'il est payé par l'assistance publique. (Cons. d'Et. 16 juil. 1875. — Dall. 76, 3, 24.)

259. — Il en serait de même d'un juge de paix qui reçoit dans la commune où il réside en dehors de son ressort, une allocation annuelle, soit comme frais de bureau, soit comme indemnité de logement, soit pour remplir certaines fonctions de police. On ne devrait pas le considérer comme un agent salarié par la commune. (Cons. d'Et. 25 avril 1861.)

260. — Est également éligible au conseil municipal le garde rivière salarié par une association syndicale même dans la commune où il est garde. (Cons. d'Et. 16 avril 1876. — Dall. 76, 5, 180.)

261. — Le secrétaire de la mairie quoiqu'il soit salarié par la commune. (Cons. d'Et. 7 août 1875.)

Et a *fortiori* celui qui remplit gratuitement ces fonctions. (Cons. d'Et. Ibid. — Dall. 75, 5, 164.)

Il a cependant été décidé qu'on devait considérer comme un agent salarié de la commune l'individu qui partage avec l'instituteur les fonctions de secrétaire de la mairie et les émoluments. (Cons. d'Et. 6 juin 1866. — Dall. 67, 3, 17.)

262. — Dans tous les cas l'élection d'un salarié de la commune est valable, si celui-ci a donné sa

démission avant la décision du conseil d'Etat. (Cons. d'Et. 19 juil. 1866. — Dall. 67, 3, 26. — Cons. d'Et. 17 déc. 1876. — Dall. 76, 5, 180.)

263. — § 2. *Entrepreneurs de services Communaux.* — Quelques lignes de l'exposé des motifs de la loi de 1855 jettent sur les incompatibilités de la seconde catégorie la plus vive lumière : « L'incapacité prononcée, disait le rapporteur, contre les entrepreneurs de services communaux ne concerne que les services qui créent entre les communes et les entrepreneurs des rapports d'intérêts constants et pour ainsi dire journaliers. » Tels sont les services du balayage, de l'arrosage, de l'éclairage, etc. Mais un marché contracté avec la commune pour un travail déterminé, comme la construction d'un chemin ou d'un édifice, ne rentre pas dans cette catégorie. (Cons. Préf. Seine 9 août 1871. — Dall. 71, 3, 78.)

Ces entrepreneurs ne sont point incapables d'être conseillers municipaux, seulement ils ne peuvent prendre part aux délibérations relatives aux affaires dans lesquelles ils ont un intérêt.

264. — Ainsi est éligible l'entrepreneur des travaux d'un chemin d'intérêt commun. (Cons. d'Et. 10 janvier 1872. — Dall. 73, 3, 26.)

L'entrepreneur de travaux de dérivation d'eau. (Cons. d'Et. 6 juin 1872. — Dall. 73, 3, 26.)

Il a encore été décidé qu'on ne peut considérer comme entrepreneur d'un service municipal, l'entrepreneur de travaux à exécuter sur un des chemins vicinaux de grande communication qui empruntent sur une partie de leur parcours le territoire de la commune où il est élu conseiller

municipal. (Cons. d'Et. Rec. Lebon. 7 avril 1876.
— Cons. d'Et. Rec. Lebon. 23 mars 1877.)

Tandis que l'entrepreneur de chemins vicinaux
ordinaires est inéligible. (Cons. d'Et. 1er juin1866.)

A moins que ses travaux ne soient terminés et
reçus au moment du vote. (Cons. d'Et. 10 mars
1876. — 23 mars 1877.)

Mais il n'en serait pas de même s'il s'agissait
d'une cession. Ainsi on a déclaré inéligible l'adjudicataire de l'entreprise d'un chemin vicinal
qui avait cédé à un tiers l'exécution de son marché. (Cons. d'Et. 9 déc. 1871. — Dall. 73, 3, 26.)

265. — Est éligible au conseil municipal l'adjudicataire des travaux d'une église communale.
(Cons. d'Et. 1er juin 1866. — Dall. 67, 3, 16.)

L'adjudicataire de l'exploitation d'une coupe
affouagère (Cons. d'Et. 8 mai 1866. — Dall. 67,
3, 16.)

Ou des droits de parcours et de glandée dans les
bois d'une commune. (Cons. d'Et. Rec. Lebon. 13
juin 1862, 21 juin 1859, 16 avril 1856, 27 avril
1877.)

266. — En ce qui touche l'adjudicataire de l'entretien d'un cimetière, la question n'a pas été
résolue par la jurisprudence mais il ne nous paraît pas qu'elle puisse présenter de difficulté.
L'adjudicataire dans ce cas doit être considéré
comme ayant fait un marché déterminé, et il est
à ce titre éligible au conseil municipal. (Voy.
Cons. Préf. Seine 9 août 1871. — Dall. 71, 3, 78.
— Cons. d'Et. 10 janvier et 6 juin 1872.)

267. — Que décider en ce qui touche l'adjudicataire du remontage et de l'entretien d'une horloge

municipale. La question est analogue, et a été tranchée en fait par le conseil d'Etat. Toutefois, dans l'espèce, il s'agissait d'un individu qui avait résilié son marché depuis l'élection. Mais ce fait ne nous paraît pas avoir influé sur la décision intervenue. (Cons. d'Et. Rec. Lebon. 19 nov. 1875).

268. — § 3. *Domestiques et serviteurs.* — Il s'agit ici des serviteurs attachés à la personne, mais non des gardes de propriétés qui sont éligibles. Il en est de même et *a fortiori* des régisseurs et des fermiers. (Cons. d'Et. 28 mai 1866. — Dall· 67, 3, 18.)

269. — Quant au régisseur qui est en même temps garde particulier, il n'est ni un domestique attaché à la personne ni un agent de police. (Cons. d'Et. Rec. Lebon, 26 mai 1866, 19 juil. 1866, 6 février 1874, 7 janvier 1876.)

Même solution pour le régisseur intendant. (Cons. d'Et. 31 janvier 1856, 25 août 1866.)

270. — Mais la jurisprudence exige que le garde particulier ait une habitation distincte de celle de son maître. (Cons. d'Et. 6 février 1874. — Dall. 75. 5, 164.)

271. — En ce qui touche le jardinier d'un château, on a décidé qu'il était éligible s'il était imposé dans la commune à la cote personnelle et mobilière. (Cons. d'Et. 10 avril 1866. — Dall. 67, 3, 18.)

272. — § 4. *Indigents.* — Cette quatrième incompatibilité ne peut donner lieu à aucune explication. Il ne serait pas convenable qu'un individu assisté par la commune et dans un état d'indigence manifeste siégeât au conseil.

INCOMPATIBILITÉS RÉSULTANT DES FONCTIONS.

273. — La loi de 1855 et celle du 11 avril 1871, ont créé d'autres incompatibilités qu'on peut appeler d'ordre public, et qui s'imposaient d'elles-mêmes. Ne peuvent en conséquence être conseillers municipaux :

1° Les préfets, sous-préfets, secrétaires-généraux et conseillers de préfecture ;

2° Les commissaires et agents de police ;

3° Les militaires ou employés des armées de terre et de mer en activité de service ;

4° Les ministres des divers cultes en exercice dans la commune ;

5° Les juges de paix titulaires dans les cantons où ils exercent leurs fonctions. Leurs suppléants peuvent donc être conseillers municipaux. (Circ. min. 26 janvier 1866. — Dall. 67, 3, 31.)

6° Les membres amovibles des tribunaux de première instance, c'est-à-dire les membres du ministère public, dans les communes de leur arrondissement.

Des incompatibilités qui composent cette nomenclature, il en est deux qui peuvent donner ouverture à un commentaire.

274. — Par employé des armées de mer il faut entendre le magasinier ou l'écrivain titulaire de comptabilité dans un port de mer. (Cons. d'Et. 23 janvier et 14 fév. 1872. — Dall. 73, 3, 26.)

Mais non le contre-maître des travaux hydrauliques ou le maître entretenu dans un port. (Cons. d'Et. 18 mai 1877. — Dall. 77, 3, 74.)

En effet le maître de port ne peut être considéré

comme marin, car il ne figure pas dans le décret
du 11 juillet 1858 qui énumère les personnes justi-
ciables du conseil de guerre. (Cons. d'Et. 23 janvier et 14 février 1872. — Dall. 73, 3, 27.)

Il ne fait pas partie du personnel des ponts-et-
chaussées auquel s'applique le § 5 de l'art. 5 de la
loi de 1855; enfin, bien qu'il ait des attributions
de police, la loi ne l'a point assimilé au commissaire de police.

275. — Les ministres des cultes ne peuvent être
conseillers municipaux dans la commune où ils
exercent, mais la loi a seulement prévu le curé ou
le vicaire attaché à une paroisse, et non le prêtre
qui vient y dire la messe sans faire partie du
clergé. Celui-là peut donc être appelé au conseil
municipal.

La jurisprudence du Conseil d'Etat a étendu
l'incompatibilité au curé suspendu par décision
épiscopale (Cons. d'Et. 20 mars 1861.)

Quand au ministre d'un culte non reconnu il est
éligible au conseil municipal (Cons. d'Et. 27 nov.
1874. — Dall, 75, 3, 77. — Cons. préf. Seine 9 août
1871. — Dall. 71, 3, 112.)

276. — A Paris on ne peut être à la fois maire
ou adjoint et conseiller municipal.

277. — Enfin, nul ne peut être membre de deux
conseils municipaux en même temps. A défaut
d'option, le sort déciderait.

278. — Dans les communes qui ont plus de cinq
cents habitants, il existe une dernière classe
d'incompatilités.

La loi, dans le but d'assurer l'indépendance de
leurs conseillers municipaux, a décidé que les pa-

rents au degré de père, de fils, de frère, et les alliés au même degré ne pourraient dans ces communes faire partie du même conseil.

Mais que faut-il entendre par alliés ? Le gendre dont la femme est morte sans enfants est-il l'allié de son beau-père ? La Cour de cassation paraît avoir décidé la question dans le sens de l'incompatibilité. (Cass. 4 novembre 1868.)

Mais les termes de l'art. 206 du code civil ne peuvent laisser de prise à l'équivoque. L'alliance et ses effets civils cessent à la mort du conjoint. (Bayeux, 3 avril 1867. — Dall. 67, 3, 54.)

Par frères et alliés au degré de frère, il faut entendre les frères et beaux-frères utérins ou consanguins, mais non les beaux-frères maris de deux sœurs, qui légalement ne sont pas alliés.

L'adoption produisant les mêmes effets civils que la paternité, il faut appliquer aux adoptés ou adoptants et aux alliés par suite d'adoption, les mêmes règles.

279. — Dans la pratique, certaines difficultés ont été soulevées relativement à l'application de ces incompatibilités. Ainsi deux parents au degré prohibé sont élus dans le même tour de scrutin ; qui doit être déclaré démissionnaire ? Deux cas pouvant se présenter, il y aura lieu de distinguer :

Ou bien l'un des alliés se démet volontairement et avant que le procès-verbal d'élection ait été dressé. Dans ce cas, ainsi que nous avons déjà dit, le bureau peut le remplacer par celui qui a obtenu le plus de voix ensuite. Il est considéré comme n'existant pas ; mais il faut que la démission soit volontaire, le bureau ne pourrait prendre sur lui de la prononcer. (Cons. d'Et. 2 et 11 août 1868.)

280. — Ou bien, et le cas n'est pas rare, aucun des deux élus ne veut donner sa démission. La loi est restée absolument muette à ce sujet. Faut-il laisser le sort décider entre les deux rivaux ? Faut-il reconnaître au Préfet le droit de choisir entre eux ?

Sous l'empire de la loi de 1831, la première solution n'était pas douteuse et l'on tirait au sort. Mais la loi de 1855 porte que c'est au préfet qu'il appartient de déclarer les démissions pour incompatibilité. Ce serait donc à lui de choisir en se basant sur le nombre des voix obtenues, l'âge des candidats, leur position. Cette opinion n'a pas été adoptée par le Conseil d'Etat.

S'agit-il de deux sections différentes ? Dans ce cas les conseillers qui ont été nommés dans chacune des deux sections électorales ont un droit égal à faire partie du conseil municipal, quel que soit le nombre des électeurs de chaque section et le nombre de voix obtenu par chacun des conseillers élus, la voie du sort est donc le seul moyen de décider entre eux. (Cons. d'Et. 16 avril 1856. — Cons. d'Et. 25 avril 1861. — Dall. 61, 3, 11. — Cons. d'Et. 20 sept. 1871.)

A notre sens voici comment il faut décider suivant les diverses hypothèses :

1° Les alliés ou parents sont élus dans le même scrutin et dans la même section.

Le préfet doit choisir celui qui a eu le plus de voix, et à voix égales le plus âgé. (Cons. d'Et. 11 août 1841. — Dall. 42, 3, 182.)

2° L'élection a eu lieu dans deux sections :

Il faut recourir à la voie du sort.

3° L'élection a eu lieu dans deux scrutins successifs : C'est le premier élu qui doit être préféré, alors même que le second aurait eu plus de voix au second tour.

La démission de l'un des parents ou alliés avant l'installation de l'autre supprimerait l'incompatibilité, il suffirait même qu'elle intervint pendant le cours de l'instance engagée devant le conseil de préfecture, qui statue en appel sur la décision du préfet.

Mais le conseil municipal n'a pas qualité pour accepter cette démission. (Cons. préf. Haute-Loire, 25 janvier 1876. — Rec. G. et P. 1876, 114.)

281. — La loi ne parle point du grand père et du petit-fils, mais on décide que, dans les communes de plus de 500 habitants, ils ne peuvent faire partie du même conseil municipal. On le décidait déjà dans l'ancienne législation et sous l'empire de la loi de 1831. — (Cons. d'Et. 11 août 1849. — Dall. 49, 3, 89. — Cons. d'Et. 18 mai 1877. — Dall. 77, 3, 72. — V. aussi Cons. 5 fructidor an III.)

282. — Si l'incompatibilité survenait après l'élection par suite de l'alliance de deux conseillers municipaux, le sort devrait décider entre eux.

283. — *Compétence.* — La distinction que la raison et la loi maintiennent entre les incapacités et les incompatibilités s'accuse encore quand on considère les tribunaux qui doivent les déclarer ou les reconnaître.

Les questions d'incapacité sont soumises au tribunal civil, les causes d'incompatibilité sont déférées au préfet et au conseil de préfecture. Et comme conséquence, tandis que l'incapacité rend l'élection radicalement nulle, l'incompatibilité ne la rend qu'annulable. Si donc cette dernière cesse avant que le candidat ait été appelé devant le conseil de préfecture, pour donner des explications, l'élection est validée de plein droit ; il y a plus, jusqu'au jour où le Conseil d'Etat aura statué, la démission ou l'option du candidat feraient cesser immédiatement l'incompatibilité.

284. — Ainsi une élection ne peut être annulée par le conseil de préfecture sans que le candidat ait été invité à présenter ses observations de défense et mis en demeure d'opter entre la qualité de membre du conseil et les fonctions qui donnent lieu à l'incompatibilité. (Cons. d'Et. 25 avril 1876.)

285. — Tout conseiller municipal qui, par une cause survenue postérieurement à sa nomination, se trouve dans un des cas d'incompatibilité prévus ci-dessus, est déclaré démissionnaire par le préfet, sauf recours au conseil de préfecture. (L. 5 mai 1855, art. 12.)

Mais si la réclamation portée au conseil de préfecture implique la solution préjudicielle d'une question d'état, le conseil de préfecture renvoie les parties à se pourvoir devant les juges compétents sur cette question d'état.

286. — Aux termes de la loi de 1871, le quart des conseillers municipaux peuvent n'être pas domiciliés dans la commune, à condition qu'ils y paient une des quatre contributions directes. (Cons. d'Et. 17 mars 1876.)

Mais ce n'est là qu'une incapacité absolument temporaire, puisque le conseiller élu a la faculté de transférer son domicile par deux déclarations faites à la mairie du domicile qu'il abandonne et à la mairie du domicile qu'il veut acquérir.

287. — Ajoutons que pour être éligible au conseil municipal il n'est pas nécessaire d'être inscrit sur la liste électorale, si l'on est dans les conditions exigées pour être électeur. (Cons. préf. Seine, 29 janvier 1878.)

CHAPITRE V.

ENTRÉE EN FONCTIONS

Sommaire alphabétique.

DURÉE DES FONCTIONS.

288. — Le conseil municipal est donc nommé, mais pour quelle période et pendant combien d'années exercera-t-il les fonctions dont il vient d'être investi ? Sous l'empire de la loi de 1867 les conseillers étaient élus pour sept ans ; mais la loi du 14 avril 1871 porte que les conseils municipaux élus pendant l'année resteront en fonctions jusqu'à la promulgation de la loi municipale promise, sans que la durée de ces fonctions, ajoute-t-elle, puisse excéder trois ans. La loi organique municipale n'étant pas encore votée, les élections ont eu lieu en 1874, et en 1878 après une période de trois ans et deux mois,

Il en devra être de même jusqu'à la promulgation de la loi organique. La question qui a été controversée ne nous paraît laisser place à aucun doute.

289. — La loi a aussi prévu un cas de renouvellement partiel. Si le conseil municipal, dans l'intervalle des élections, est réduit aux trois quarts de ses membres, il devra être procédé au remplacement des manquants.

290. — Cependant, dans les communes divisées en sections ou en arrondissement, il y aura toujours lieu de faire des élections partielles toutes les fois que, par suite de décès ou de perte des droits politiques, la section n'aura plus aucun représentant dans le conseil. Les membres élus en cas de vacance, dans ces élections partielles, ne conservent leurs fonctions que jusqu'au renouvellement intégral.

291. — Nous avons vu que l'administration obligée de faire procéder au remplacement, quand le conseil municipal est réduit à moins des trois quarts de ses membres, n'est pas tenue d'attendre, pour compléter ce conseil, qu'il soit réduit à ce nombre. (Cons. d'Et. du 2 août 1866, 10 avril 1869, 23 fév. 1877.)

Mais le préfet ne pourait convoquer les électeurs d'une commune pour remplacer les conseillers municipaux qui n'ont pas encore donné leur démission ou n'ont pas été déclarés démissionnaires. (Cons. d'Et. Rec. Lebon. 9 et 10 juillet 1874. — 23 fév. 1877.)

INSTALLATION.

292. — Quinze jours environ après l'élection du conseil municipal et à la date fixée par le préfet, il est procédé à l'installation des conseillers. Le maire a la charge de convoquer les nouveaux élus.

Cette cérémonie de l'installation, depuis l'abolition du serment politique, a perdu tout caractère spécial de solennité. Le maire, à son défaut l'adjoint ou le premier conseiller municipal, président la réunion. Après avoir donné lecture du tableau, c'est-à-dire de la liste des conseillers municipaux dressée d'après le nombre des suffrages obtenus et en suivant l'ordre des scrutins, ou par rang d'âge quand deux conseillers ont obtenu le même nombre de suffrages, le maire président demande à chacun des conseillers s'il accepte les fonctions qui lui sont offertes, et sur sa réponse affirmative le déclare installé, alors même que l'élection serait contestée.

293. — TABLEAU DES CONSEILLERS MUNICIPAUX, DRESSÉ PAR ORDRE DE SUFFRAGES

Nos d'ordre	NOMS et PRÉNOMS	PRO-FES-SIONS OU QUALI-TÉS.	DATE de la NAIS-SANCE	DATE de L'ÉLEC-TION	DATE de L'INSTALLA-TION	NOMBRE de SUFFRA-GES OBTE-NUS	SIGNA-TURE de CHAQUE CON-SEIL-LER	Observations.

294. — Procès-verbal de l'installation est ensuite dressé en triple expédition d'après la formule suivante :

PROCÈS-VERBAL D'INSTALLATION
DU CONSEIL MUNICIPAL.

L'An..., le..., M..., Maire de la commune de..., a convoqué et réuni les membres nouvellement élus du conseil municipal.

La séance ayant été ouverte, M. le maire a déclaré que l'objet de la réunion était l'installation régulière du Conseil municipal.

Il a donné aussitôt lecture de la lettre du Préfet qui autorisait la convocation du Conseil.

Il a fait ensuite l'appel nominal des conseillers municipaux nouvellement nommés, savoir :

MM. . . . .

Et chacun d'eux sur l'invitation qui lui a été faite a déclaré accepter les fonctions de conseiller municipal.

Ces formalités remplies, M. le Maire a déclaré que le Conseil municipal de la commune de... était régulièrement installé et entrait dès à présent en fonctions conformément à la loi.

Il a aussitôt après levé la séance.

Fait et clos le....   (*Signatures*).

295. — S'il y a lieu d'installer un nouveau maire et de nouveaux adjoints en même temps que de nouveaux conseillers municipaux, on peut procéder d'abord à l'installation des nouveaux conseillers, et ensuite à celle du nouveau maire et des nouveaux adjoints, ou suivre la marche inverse, c'est-à-dire procéder d'abord à l'installation du nouveau maire et des nouveaux adjoints, puis à celle des conseillers municipaux.

Aussitôt après l'installation la séance doit être

levée, le conseil n'étant pas autorisé à délibérer sur quelque sujet que ce soit.

CARACTÈRE DU MANDAT MUNICIPAL

296. — Le conseiller municipal doit-il être considéré comme un fonctionnaire **public** pendant la durée et dans l'exercice de son mandat ? **La question** a été posée et en principe résolue négativement par la jurisprudence. Ainsi un conseiller municipal peut être poursuivi en police correctionnelle pour délit d'administration, sans autorisation préalable du préfet. (Cass. 20 juin 1873. — Dall. 73, 1, 190.)

297. — Mais le conseiller municipal investi par la délibération du conseil d'un mandat relatif à un intérêt communal, doit être considéré pendant le cours de l'exécution de ce mandat, comme un fonctionnaire public.

298. — Par suite il est passible des peines de l'art. 175 (Code Pénal) s'il a pris un intérêt dans une entreprise placée sous sa surveillance. (Cass. 19 nov. 1873. — Dall. 74, 1, 327.)

C'est ce qui a été spécialement décidé à l'occasion d'un marché de blé. Le conseiller municipal qui avait mandat de conclure le marché avait pris les blés pour son compte et les avait passés à la commune.

CHAPITRE VI

ÉLECTION DES MAIRES ET ADJOINTS

Sommaire alphabétique

---

299. — Il n'est pas sans intérêt de dire en quelques mots les différents modes de nomination des maires, employés dans nos législations successives. L'histoire des fluctuations législatives en matière de droit municipal est pleine d'enseignements précieux et elle reflète merveilleusement les situations qu'elle comprend et les inspirations qu'elle rappelle.

L'institution des maires a de profondes racines dans notre histoire, elle est contemporaine de l'affranchissement des communes. Jusqu'au xvi⁰ siècle le maire est le chef élu de la commune, il l'administre avec le concours des officiers municipaux.

Au seizième siècle l'autorité royale commence à intervenir dans l'élection des magistrats municipaux, sans cependant contester aux municipalités le droit d'élire le maire. Comme il avait besoin des communes, le roi ne songea pas à leur enlever la plus chère de leurs prérogatives.

Sous Louis XIV, la féodalité n'existe plus, mais

l'indépendance des communes porte ombrage à la toute puissance royale. Le roi, en 1692, nomme les maires dans toutes les communes, puis en 1704, cédant à l'opinion publique, il érige en offices la moitié des places de maires et réserve l'autre à l'élection.

En 1717 un édit rétablit l'ancien état de choses et rend aux communes leur entière indépendance. Cette législation fût elle-même soumise à de nombreuses variations ; enfin en 1765 un édit rend au roi le droit de nommer les maires, mais seulement sur une liste de candidats présentés par les notables.

L'assemblée nationale essaie en vain de donner aux municipalités une organisation solide et le premier empire retient dans ses mains le droit de nommer les maires.

Cet état de choses dura pendant toute la Restauration. La loi du 31 mars 1831 apporta une heureuse innovation ; elle obligeait le roi à choisir le maire dans le conseil municipal.

Un décret du 7 juillet 1852 supprime toute restriction ; cependant, à la fin du second empire, on revient au principe posé par la loi de 1831 ; la loi du 22 juillet 1870 contraint le chef de l'Etat à prendre son représentant dans le conseil municipal.

Après le 4 septembre, nouvelle réaction, le principe de l'élection domine et absorbe tout. Un décret du 17 septembre 1870 rend aux communes le droit de choisir elle-mêmes leur maire, l'élection appartient aux conseillers municipaux.

Ce mode de nomination est maintenu par la loi du 14 avril 1871.

10.

La loi du **20 janvier 1874** décide que les maires seront nommés par le chef de l'Etat dans les chefs-lieux de département, d'arrondissement et de canton, et par le préfet dans les autres communes.

Enfin le loi du **12 août 1876** revient au système de l'élection. Cette loi est ainsi conçue :

Provisoirement et jusqu'au vote de la loi organique municipale, il sera procédé à la nomination des maires et adjoints conformément aux règles suivantes.

Le conseil municipal élit le maire et les adjoints parmi ses membres, au scrutin secret et à la majorité absolue.

Si, après deux scrutins, aucun candidat n'a obtenu la majorité, il est procédé à un scrutin de ballotage entre les deux candidats qui ont obtenu le plus de suffrages. En cas d'égalité de suffrages, le plus âgé est nommé.

La séance dans laquelle il est procédé à l'élection du maire est présidée par le plus âgé des membres du conseil.

Dans les communes, chefs-lieux de département, d'arrondissement et de canton, les maires et adjoints sont nommés parmi les membres du conseil municipal, par décret du président de la république.

300. — Dans la législation actuelle ne peuvent être élus maires ni adjoints :

1° Les préfets, sous-préfets, secrétaires généraux et conseillers de préfecture ; 2° les membres des cours, des tribunaux de première instance et des justices de paix ; 3° les ministres des cultes ; 4° les militaires et employés des armées de terre et de mer en activité de service ou en disponibilité ; les ingénieurs des ponts et chaussées et des mines en activité de service, les conducteurs des ponts et chaussées et les agents voyers ; 6° les agents et employés des administrations financières et des forêts, ainsi que les gardes des établissements publics et des particuliers ; 7° les commissaires et agents de police ; 8° les fonctionnaires et employés des colléges communaux et les instituteurs primaires communaux ou libres ; 9° les comptables et les fermiers des revenus municipaux, et les agents salariés par la commune. Néanmoins les juges suppléants aux tribunaux de première instance et les suppléants des juges de paix peuvent être maires ou adjoints. Les agents salariés du maire ne peuvent être ses adjoints. (L. 5 mai 1855, art. 5.)

Les greffiers des tribunaux et des cours ne peuvent davantage être élus.

301. — *Ministres des cultes.* — Un autre chef d'incompatibilité concerne les ministres des cultes, non pas seulement ceux qui exercent leur ministère dans la commune et qui sont déjà inéligibles au conseil municipal, mais toutes personnes qui sont revêtues actuellement d'un caractère sacerdotal, soit qu'elles exercent ou non leur ministère dans la commune.

302. — *Militaires et employés des armées.* Ne peuvent être nommés maires ou adjoints : les militaires et employés des armées de terre et de mer en activité de service ou en disponibilité, les militaires placés dans les positions de non-activité, réforme ou retraite, peuvent au contraire être nommés maires ou adjoints. Quant à l'expression d'*employés* des armées, elle est très-générale ; ainsi l'incompatibilité s'étend aux agents commissionnés des vivres, des hôpitaux, des transports, aux commis de la marine, etc., mais non aux militaires et employés portés sur un cadre de remplacement, tel que celui de l'intendance militaire. Car ce fait ne change rien à la position de ceux qui se trouvent en retraite, en réforme et en non-activité.

303. — *Agents et employés d'administrations financières*. — L'exclusion prononcée à l'égard des agents et employés d'administrations financières comprend toutes les personnes employées dans un services actif dépendant du ministère des finances. Mais cette exception ne s'étend pas aux chefs et employés des bureaux du ministère des finances et des administrations qui en dépendent, parce que ces employés n'ont pas un caractère public.

Les gardes forestiers des communes, des établissements publics et des particuliers, ne peuvent remplir les fonctions de maire ou d'adjoint.

304. — *Comptables des revenus communaux et agents salariés de la commune*. — Sont comptables de deniers communaux tous ceux qui perçoivent des deniers dont il doit être rendu compte à la commune, tels que les administrateurs des hospices et des établissements charitables soutenus par la commune ; on entend par agents salariés de la commune les personnes qui reçoivent à la fois de la commune leur nomination et leur traitement, mais non pas celles qui, sans être à la nomination de la commune, en reçoivent un traitement.

305. — *Autres incompatibilités*. — On ne peut être maire et commandant des pompiers (Cons. d'Et. 8 déc. 29 déc. 1874, 10 janvier 1875.)

306. — Les agents salariés du maire ne peuvent être ses adjoints. Cette disposition concerne les régisseurs, intendants, chefs et contre-maîtres des fabriques, etc., mais non pas les fermiers ou les colons partiaires du maire. (V. Cons. d'Et. 6 févr. 1874.)

307. — Toute personne exerçant une fonction incompatible avec celle de maire ou d'adjoint peut cependant être nommée maire ou adjoint, si elle consent à donner sa démission de la fonction qui était une cause d'exclusion.

308. — Il y a nécessairement incompatibilité entre les fonctions de maire d'une commune et celle de membre du conseil municipal d'une autre commune.

Et entre les fonctions de maire et d'adjoint avec celles de conseiller municipal de Paris (L. 14 avril 1871, art. 17.)

309. — Pour être élu maire il faut être conseiller municipal et par suite jouir de ses droits civils et politiques ; être âgé de 25 ans ; être inscrit sur la liste électorale de la commune où y payer une des quatre contributions directes.

En effet le candidat qui est électeur dans la commune n'est pas tenu d'y payer une contribution. (Cons. d'Et. 21 nov. 1871. — Dall. 73, 3, 33.)

ÉLECTION DU MAIRE

310. — Une circulaire du ministre de l'intérieur du 14 janvier 1878 a posé quelques principes généraux qu'il est bon de rappeler.

« L'administration supérieure, écrit le ministre, a des devoirs de tutelle à remplir à l'égard des communes, en vue de prévenir des abus de pouvoir et surtout de sauvegarder les intérêts financiers des générations futures ; mais cette tutelle ne doit pas porter atteinte aux pouvoirs légitimes des conseils municipaux élus et partant responsables devant les électeurs de l'usage qu'ils font de ces pouvoirs. Il est nécessaire que cette responsabilité soit effective, et que l'intervention incessante de l'administration supérieure dans les affaires communales ne la rende pas illusoire. Il est bon que les électeurs apprennent par leur propre expérience qu'ils ne peuvent se désintéresser des affaires communales, qu'ils seront bien ou mal administrés suivant les choix qu'ils auront faits, que l'administration supérieure ne les protégera pas malgré eux, et que s'ils négligent de se rendre au scrutin ou de peser les titres des candidats qui sollicitent leurs suffrages, ils n'auront qu'à s'en prendre à eux-mêmes des désagréments qu'ils en éprouveront. . . ..

« Il s'agit avant tout de développer en France le sentiment de la responsabilité individuelle en l'appelant à s'exercer sur le terrain communal, qui est de tous le plus propre à favoriser son activité. »

311.—Les conseillers municipaux sont convoqués pour l'élection du maire par le maire en exercice. Une irrégularité commise dans la convocation pourrait, si elle était grave, entraîner la nullité de l'élection (Cons. d'Et. 12 déc. 1872.)

312. — Au jour fixé pour le vote la séance est présidée par le plus âgé des conseillers municipaux.

Les fonctions de scrutateurs sont confiées aux trois conseillers les plus âgés (Circ. min. 29 avril 1871). Le plus jeune remplit les fonctions de secrétaire.

313. — Pour procéder à l'élection, le conseil doit être au complet, cependant si par suite de démission ou de décès il se produisait des vides entre les élections complémentaires et le jour du vote, il n'y aurait pas lieu de procéder au remplacement des conseillers manquants, et le vote du conseil dans ces conditions serait régulier. (Déc. min. 10 mai 1871. — Cons. d'Et. 1er août 1873.)

314. — Les membres dont l'élection est contestée peuvent siéger (L. 15-27 mars 1791, art. 9.)

Et leur vote est valable, lors même que leur élection serait plus tard annulée. (Cons. d'Et. 27 juin 1873. — Dall. 74, 3, 39.)

Mais après l'invalidation prononcée par le conseil de Préfecture, comme le pourvoi n'est pas suspensif, l'invalidé ne peut siéger, même s'il s'est pourvu devant le conseil d'Etat.

315. — La majorité du conseil doit assister à la séance et l'on considère comme assistants tous ceux qui sont présents au moment de l'ouverture du scrutin. (Cons. d'Et. 5 déc. 1873.)

316. — Les conseillers peuvent écrire leur bulletin en séance ou hors séance. Dans tous les cas ils doivent le remettre fermé au président. Si un bulletin contenait plusieurs noms, il ne serait tenu compte que du premier.

Le vote ne peut jamais être motivé. (Cons. d'Et. Rec. Lebon. 23 fév. 1877.)

317. — Après deux tours de scrutin, si aucun des candidats n'a obtenu la majorité absolue, il est procédé à un scrutin de ballottage entre les deux candidats qui ont obtenu le plus de voix, et la majorité relative suffit. En aucun cas il ne peut y avoir lieu à un quatrième tour de scrutin. (Cons. d'Et. 6 mars 1872.)

En cas de partage, la voix du président n'est pas prépondérante, le plus âgé est proclamé.

318. — Il a été décidé que l'élection serait nulle si la moitié seulement des membres du conseil municipal avait pris part au scrutin, bien qu'elle n'ait eu lieu qu'après deux premiers tours de scrutin auxquels avaient concouru les autres membres du conseil. (Cons. d'Et. 29 juin 1877. —Dall. 77, 3, 88. Cons. d'Et. 23 janvier et 9 avril 1878. — Dall. 69,3, 4 et 5. — Cons. d'Et. 2 février 1870. — Dall. 71 3,15. — Cons. d'Et. 17 juillet 1873. —Dall. 74, 3, 36.)

Le ministre de l'intérieur avait combattu cette doctrine par les observations suivantes :

« Faute de régles spéciales pour l'élection des maires, la jurisprudence reconnaît applicables à ces opérations les dispositions de l'art. 17. L. 1855, d'après lequel les conseils municipaux ne peuvent délibérer qu'autant que la majorité des membres en exercice assiste à la séance, et ce n'est qu'après trois convocations successives que ces assemblées peuvent entrer en délibération, quel que soit le nombre des conseillers présents. Mais lorsque sur la convocation qui leur est adressée, les membres d'un conseil se sont réunis en majorité, lorsque le bureau a été régulièrement constitué, et que l'élection est commencée, elle doit suivre son cours, et il ne peut dépendre du mauvais vouloir de quelques-uns d'en prévenir l'effet ou de la rendre impossible par une abstention ou par une retraite plus ou moins habilement calculée. Je serais d'autant plus porté à décider ainsi, que la délibération du conseil avait un objet unique, l'élection du maire, et que cette élection, bien qu'elle ne pût donner lieu à trois épreuves, n'en constituait pas moins une seule opération, laquelle une fois qu'elle avait été régulièrement entamée, devait être poursuivie et achevée dans la même séance. Par un arrêt du 5 décembre 1873 le conseil d'Etat a décidé que : « l'on doit considérer comme assistant à la réunion les membres qui, quoique présents à l'ouverture du scrutin, s'abstiennent de voter. Il doit en être de même de ceux qui, dans l'élection du maire, s'éloignent de la salle au moment du scrutin de ballottage après avoir participé aux deux premiers tours de scrutin, car ce départ n'est en fait qu'une véritable abstention. »

Cependant le Conseil d'Etat a persisté dans son appréciation première.

« Considérant que le Conseil municipal ne peut délibérer qu'autant que la majorité des membres présents *assiste* à la séance, et que c'est seulement lorsque après deux convocations successives à 8 jours d'intervalle et dûment constatées, les membres du Conseil municipal ne sont pas réunis en nombre suffisant, que la délibération prise après la troisième convocation est valable quelque soit le nombre des membres présents. . »

319. — Il faudrait donc une nouvelle convocation du conseil et un nouveau scrutin.

320. — Les adjoints sont élus dans les mêmes formes et aux mêmes conditions que les maires. Lorsqu'une commune a droit à deux adjoints, il ne doit pas être cependant procédé à un scrutin de liste ; la nomination de chacun de ces fonctionnaires doit faire l'objet d'un vote distinct. (Cir. min. 10 sept. 1876.)

321. — Les adjoints prennent rang selon l'ordre de leur nomination, mais si la place de premier adjoint devient vacante, le second adjoint passe au premier rang et le conseil municipal doit élire non un premier, mais un second adjoint qui prendra le second rang.

322. — En vertu de l'arrêté du 18 floréal an X et de la loi du 5 mai 1855, art. 3, le gouvernement peut décider l'institution d'un adjoint spécial pour remplir les fonctions d'officier de l'état civil dans une section de commune. La nomination de cet adjoint est faite par les conseils municipaux dans les communes où ces fonctions sont électives. Il doit être choisi parmi les conseillers municipaux domiciliés dans la section. Si la section n'est pas représentée au conseil municipal, le choix peut porter sur un électeur qui y est domicilié. (Circ. 20 avril 1871.)

323. — Le procès-verbal de la séance est dressé sur-le-champ par le secrétaire du conseil ; il relate les noms des membres présents et le nombre des suffrages obtenus par chacun des candidats à chaque scrutin. Ce procès-verbal est transcrit sur le registre des délibérations ; tous les membres présents le signent et une copie est aussitôt adressée au préfet. (Circ. min. 29 avril 1871. — *J. des Com.*, 44, 173.)

PROCÈS-VERBAL DE L'ÉLECTION DU MAIRE ET DE L'ADJOINT.

L'an....., le....., le conseil municipal de la commune de....., convoqué en vertu de l'arrêté de M. le préfet en date du..... à l'effet de procéder à l'élection du maire et de l'adjoint, et réuni à la maison commune, en la salle de ses séances, sous la présidence de M. le..... (*Indiquer ici le maire en exercice ou à son défaut l'adjoint.*)

Étaient présents, MM. ..... formant la majorité des membres en exercice.

Absents, MM. .....

M. ..... (*le maire ou l'adjoint en exercice*) a invité

M. ..... le plus âgé des conseillers municipaux à présider la réunion.

Ont pris place au bureau, MM. ..... (*les trois plus âgés conseillers municipaux.*)

M. ..... secrétaire.

Il a été ensuite procédé, en conformité de l'art. 1er de la loi du 12 août 1876, à l'élection du maire.

1er tour de scrutin.

Votants .....

Ont obtenu, MM. .....

2e tour de scrutin.

Votants .....

Ont obtenu, MM. .....

Scrutin de ballottage.

Votants .....

Ont obtenu, MM. .....

M. ..... M. ..... ayant obtenu la majorité absolue des suffrages (ou, s'il y a ballottage, ayant obtenu la majorité relative, ou, s'il y a eu partage, M. ..... étant le plus âgé) a été proclamé maire de la commune de.....

(Pour l'élection de l'adjoint on suit exactement la même formule.)

Lecture faite du présent procès-verbal, les membres présents l'ont signé et M. le président a levé la séance.

(Signatures .....)

324. — Le conseiller élu peut refuser d'accepter les fonctions de maire ; ce refus résulte suffisamment de la mention faite au procès-verbal de la séance où l'élection a eu lieu. (Cons. d'Et. 29 juin 1877. — Dall. 77, 3, 91.)

Ce même membre pourrait donc à la même élection être nommé adjoint. (Ibid.)

Le refus d'acceptation ne doit pas être accepté par le préfet, au contraire de ce qui se passe pour la démission d'un maire, qui n'est valable que lorsqu'elle a été acceptée. (Cons. d'Et. 26 juin 1874. — Dall. 75, 3, 64.)

325. — L'élection des maires et des adjoints peut être attaquée comme l'élection des conseillers municipaux et dans le même délai. Mais le président du conseil municipal ne peut annuler l'élection du maire élu parce que celui-ci remplirait des fonctions incompatibles avec celles de maire. Il faut dans tous les cas que l'élection soit annulée par le conseil de préfecture.

326. — Conformément aux articles 45 à 47 de la loi du 5 mai 1855 le droit de protestation appartient non pas seulement aux conseillers municipaux, mais encore à tout électeur de la commune. (Cons. d'Et. 28 mai 1872, 6 déc. 1872. — Dall. 73, 3, 33, 14 février 1873.)

On cite cependant une décision du conseil de préfecture de la Dordogne qui est contraire à cette opinion. (Cons. préf. 13 juin 1871. — Dall. 71, 3, 28. — *J. des com.* 44, 262.)

327. — Le préfet peut également dans un délai de quinze jours attaquer l'élection. (Cons. d'Et. 13 déc. 1871.)

328. — La réclamation est soumise au conseil de préfecture (Cons. d'Et. 28 mai 1872. — Dall. 73, 3, 33.)

Ce conseil statue comme s'il s'agissait d'une élection municipale et en suivant les mêmes règles.

Ainsi s'il se présente une question d'état, il doit la renvoyer aux tribunaux civils. (*J. des com.* 38, 181.)

Le conseil de préfecture est tenu de statuer dans le délai d'un mois, faute de quoi les réclamants sont recevables à se pourvoir devant le conseil d'Etat (Cons. d'Et. 1er juin 1877. — Dall. 77, 3, 88.)

329. — Devant le conseil d'Etat on suit les mêmes règles que pour les élections municipales.

330. — En matière d'élection des maires la corruption électorale est punie comme les délits électoraux que nous avons mentionnés au chapitre des opérations électorales.

Mais il faut observer que le décret du 2 février 1852 (art. 38) et les lois subséquentes relatives aux élections du corps législatif, des conseils généraux et municipaux, produit du suffrage universel, n'ont pas prévu et n'ont pas pu prévoir l'élection des maires et adjoints par les conseils municipaux, laquelle n'existe qu'en vertu de la loi de 1877 et n'est le produit que du suffrage restreint de quelques conseillers municipaux en séance secrète. Cette dernière élection, en effet, si dissemblable dans son fonctionnement, des autres élections, a dû être considérée comme étant à l'abri des actes de corruption de ce genre.

Ce n'est donc pas les peines édictées par le décret de 1872 qui doivent être appliquées dans le cas de la vente et de l'achat du vote d'un conseiller municipal.

Mais en l'absence de la répression édictée par le décret de 1852, c'est la pénalité de la loi générale, c'est-à-dire de l'article 113 du Code pénal qui doit être prononcée. Cet article est ainsi conçu :

« Tout citoyen qui aura, dans les élections, acheté ou vendu un suffrage à un prix quelconque, sera puni d'interdiction des droits de citoyen et de toute fonction ou emploi public pendant cinq ans au moins et dix ans au plus. »

« Seront, en outre, le vendeur et l'acheteur condamnés chacun à une amende double de la valeur des choses reçues ou promises. »

De cette solution, il résulte que c'est la prescription de trois ans du Code d'instruction criminelle qui doit être appliquée au cas du délit de corruption électorale dans les élections des maires et adjoints, et non la prescription de trois mois édictée par le décret de 1852 sur les élections générales des députés, conseillers généraux et municipaux. (Cass. 8 février 1878.)

Cette importante décision est appuyée sur les motifs suivants :

« Vu les articles 38 et 50 du décret organique du 2 février 1852 ;

« Vu la loi du 12 août 1876, l'article 113 du Code pénal et les articles 408, 429 et 638 du Code d'instruction criminelle :

« Attendu que le décret organique du 2 février 1852 n'est relatif qu'aux élections des membres du Corps législatif ; que toutes les dispositions pénales se réfèrent à ces élections et supposent qu'elles ont lieu avec le suffrage universel ;

« Attendu que si les prescriptions de ce décret ont été reconnues applicables aux élections des membres des conseils généraux, des conseils d'arrondissement et des conseils municipaux, c'est en vertu de l'article 2 de la loi du 7 juillet 1852, qui a déclaré que ces élections, faites également avec le suffrage universel, devaient avoir lieu sous l'empire des lois existantes et, par conséquent, du décret du 2 février 1852 ;

« Attendu que la loi du 12 août 1876, qui a conféré aux conseils municipaux, dans la plupart des communes, le droit d'élire les maires et les adjoints parmi leurs membres, a organisé, pour ces élections, un suffrage particulier, restreint quant au nombre des électeurs et quant aux candidats pouvant être nommés, et différant, dès lors, dans son essence même, du mode de suffrage prévu par le décret organique du 2 février 1852; que, dans ces conditions, les prescriptions pénales de ce décret ne pourraient être appliquées à l'élection des maires et des adjoints, telle qu'elle a été réglée par la loi du 12 août 1876, qu'autant qu'une disposition législative l'aurait expressément déclaré ;

« Attendu qu'aucune disposition de ce genre ne se trouve, soit dans la loi du 12 août 1876, soit dans toute autre loi postérieure; qu'il est vrai qu'un projet de loi municipale déposé par le gouvernement, le 29 mai 1876, contenait un article spécial qui déclarait applicables aux élections municipales les dispositions pénales du décret du 2 février 1852, mais que ce projet n'ayant pas été converti en loi, il y a lieu de recourir à l'article 113 du Code pénal, qui forme le droit commun en matière de corruption électorale, et qui n'a été abrogé par le décret du 2 février 1852 que pour les cas prévus par ledit décret »...

331. — L'installation du maire est faite dans une assemblée extraordinaire du conseil municipal présidée par le plus âgé des membres du conseil.

Elle a lieu, depuis l'abolition du serment, sans aucune cérémonie et consiste le plus souvent dans la seule déclaration d'acceptation faite par le maire, à l'issue des opérations électorales.

Procès-verbal est dressé de son acceptation.

CHAPITRE VII

RÉUNION DES CONSEILS MUNICIPAUX

Sommaire alphabétique

SESSIONS ORDINAIRES

332. — La loi de 1855 a établi quatre sessions ordinaires des Conseils municipaux. Ces réunions qu'on appelle ordinaires ont lieu au commencement des mois de février, mai, août, novembre.

11.

Chacune d'elles peut durer dix jours. Le dixième jour, à moins d'autorisation spéciale du Préfet, pour une session extraordinaire et qu'il y ait eu ou non dix séances, la session doit être close. (Circ. min. 17 juillet 1838.) A Paris la session du budget dure six semaines. (L. 14 avril 1871. art. 11.)

CONVOCATIONS

333. — Les convocations doivent être adressées par écrit au domicile des conseillers municipaux, trois jours au moins avant la séance. La loi a confié ce soin au maire, qui ne pourrait se dispenser de convoquer le conseil en prétextant l'absence complète d'affaires.

334. — BILLET DE CONVOCATION POUR LES SESSIONS ORDINAIRES.

MAIRIE D.....

M....., membre du conseil municipal, est prié d'assister à la séance de ce conseil, qui aura lieu le.... (*indiquer le jour et l'heure*), pour l'ouverture de la session ordinaire d....

A .... le.... 18...   *Le maire.*

(*Sceau de la mairie.*)

335. — La convocation est obligatoire, chaque conseiller ayant le droit de former des propositions ou d'exprimer des vœux. Si donc un maire se refuse à réunir le conseil, tout conseiller peut et doit s'adresser au préfet qui nommera un délégué pour procéder à la convocation. (Cons. d'Et. 23 février 1870.)

Mais à la réunion le maire présiderait et non le délégué.

336. — Aucune heure n'est déterminée pour la

convocation, le maire pourrait donc convoquer les conseillers le soir.

Mais il ne pourrait de son chef modifier le jour de la réunion fixée par le conseil municipal lui-même dans une précédente séance.

337. — La convocation pourrait être verbale, mais elle devrait toujours être constatée par une mention au registre des actes de la mairie.

Cette disposition n'est pas écrite dans la loi, mais elle résulte très-nettement des déclarations faites pendant la discussion de la loi de 1837 par M. Jillon, membre de la commission. On ne comprendrait pas d'ailleurs que le législateur eut donné le droit de déclarer démissionnaire un conseiller qui ne se rend pas à des convocations successives, si ces convocations n'étaient pas constatées d'une manière officielle.

338. — Que faut-il entendre par le domicile du conseiller municipal ? La question a donné lieu à certaines divergences de doctrine. Ce domicile est-il le domicile politique ou le domicile réel ? C'est-à-dire que, si le conseiller ne réside pas dans la commune, suffit-il de le convoquer au domicile qu'il a choisi, ou est-il nécessaire de lui adresser une convocation au lieu où il réside ? Malgré le silence de la loi, c'est évidemment à cette dernière solution qu'il faut s'arrêter. Le but du législateur a été de mettre les conseillers en mesure de remplir leur mission, et il faut dans la pratique s'inspirer de cette pensée. Le maire devra donc adresser sa convocation assez tôt pour que le conseiller absent soit averti à l'avance.

339. — Si un membre du conseil, sans motifs

légitimes, résiste à trois convocations successives, il peut être déclaré démissionnaire par le préfet, sauf son recours dans les dix jours, au conseil de préfecture. Mais il est nécessaire que le préfet l'ait préalablement mis en demeure de faire valoir les raisons qui l'ont empêché d'assister aux séances. (Cons. d'Et. 10 février 1869. — Dall. 70, 3, 8.)

340. — Le recours au conseil de préfecture est de droit. (Cons. d'Et. 6 août 1866. — Dall, 68, 3, 15.)

Contre la décision du conseil de préfecture, on peut se pourvoir devant le conseil d'Etat ; et ce pourvoi est considéré comme étant fait en matière électorale ; il est par conséquent dispensé de frais et du ministère d'un avocat. (Ibid.)

341. — Le préfet ne peut convoquer les électeurs pour remplacer les conseillers municipaux qui ont cessé d'assister aux séances, lorsque ceux-ci n'ont pas donné leur démission, ou n'ont pas été déclarés démissionnaires. (Cons. d'Et. 19 mars 1863. — Dall. 63, 3, 25. — Dall. 10 févr. 1869. — Dall. 70, 3, 8.)

342. — En cas de démission donnée, il faut encore l'acception ; jusque-là elle ne produit aucun effet. (Cons. d'Et. 10 mars 1864. — Dall. 64, 3, 26, 13 févr. 1869. — Dall. 70, 3, 36.)

Mais l'acceptation de la démission résulte suffisamment de l'arrêté qui convoque les électeurs pour procéder au remplacement. (Cons. d'Et. 23 févr. 1877. — Dall. 77, 3, 61.)

La démission ne peut être acceptée par le conseil municipal. (Cons. Préf. Hte-Loire, 25 janvier 1876.)

343. — Le conseiller municipal pourrait d'ailleurs, s'il ne l'avait pas donnée réellement, attaquer devant le conseil de préfecture, l'acceptation de sa démission. (Cons. d'Et. 24 févr. 1870. — Dall. 70, 3, 82.)

344. — Il faut observer que, d'après la jurisprudence du Conseil d'Etat, le conseiller municipal, pour encourir la démission forcée, doit avoir résisté à trois convocations successives et non pas avoir seulement manqué à trois séances d'une session. C'est en effet ce qui résulte des termes mêmes de la loi, puisque les convocations n'ont lieu qu'à l'ouverture des sessions ordinaires ou extraordinaires. Il faut enfin que les séances auxquelles le conseiller municipal a manqué aient été autorisées ou prescrites par l'administration. (Cons. d'Et. 10 mars 1863.)

345. — S'il arrivait que plusieurs membres étant absents, le conseil ne fut pas en nombre, la réunion devrait être renvoyée à une autre date fixée par le préfet ; dans ce cas, de nouvelles convocations seraient faites, et le membre qui manquerait à cette séance comme aux deux précédentes, tomberait sous le coup de l'article 20 de la loi de 1855.

346. — Il est encore une condition pour que les convocations faites par le maire soient régulières, et constituent les conseillers municipaux en état réel d'absence. Les convocations doivent être faites à la mairie, ou à la maison d'école, ou au lieu habituel des réunions, s'il est suffisamment connu et suffisamment désigné. Le maire ne pourrait changer le lieu des séances qu'avec l'accord des membres du conseil ou l'autorisation du préfet.

Dans la pratique il convient de se conformer à la pensée du législateur qui a évidemment été de réunir les conseillers municipaux à la maison commune.

DÉLIBÉRATIONS

347. — Les conseillers dûment convoqués se réunissent au jour fixé, sous la présidence du maire, ou de l'adjoint à son défaut. Il n'y a d'exception à cette règle que pour les séances dans lesquelles sont débattus les comptes du maire. C'est alors un des conseillers municipaux désigné au scrutin qui préside la délibération.

348. — Le président avant d'ouvrir la séance doit constater le nombre des membres présents. En effet, pour que le conseil puisse valablement délibérer, il faut que la majorité des membres en exercice assiste à la séance. On ne comptera dans le calcul de cette majorité, ni les membres démissionnaires, ni les membres décédés, ni ceux qui ne sont pas encore installés, ni le maire dans la séance où il est appelé à rendre ses comptes. (Cons. d'Et. 11 juil. 1873. — Dall. 74. 3, 36.)

La majorité dont il s'agit ici est la majorité absolue, c'est-à-dire la moitié plus un ou plus un demi, suivant que le nombre des membres en exercice est pair ou impair ; ainsi, dans un conseil de seize membres élus, s'il reste quatorze membres en exercice, le conseil ne peut délibérer que lorsque huit membres au moins assistent à la séance ; s'il ne reste que treize membres en exercice, le conseil ne peut délibérer que lorsque sept membres au moins assistent à la séance.

349. — Quand les membres en exercice ne forment plus que les trois quarts des membres élus, la loi oblige l'administration à faire procéder aux élections pour compléter le conseil. Si, nonobstant cette prescription formelle, le conseil municipal réduit aux trois quarts de ses membres ou même au-dessous, n'est pas complété au moment de la réunion, nous pensons que le conseil pourra valablement délibérer à la condition que les membres présents forment la majorité de ceux qui sont encore en exercice. Cette décision n'est évidemment qu'un expédient, mais elle nous parait être la seule qui rentre dans la pensée du législateur, dont le but a été, avant tout, d'assurer à la représentation municipale son fonctionnement et son action.

350. — Il pourrait arriver qu'après deux convocations successives faites à huit jours francs d'intervalle, c'est-à-dire du dimanche 3 au mardi 12 et du mardi 12 au jeudi 21, les membres du conseil ne fussent pas encore en nombre. Le législateur, prévoyant que la mauvaise volonté ou l'incurie de quelques conseillers viendrait ainsi faire obstacle aux délibérations d'une assemblée municipale, a décidé qu'après la troisième convocation, la réunion pourrait valablement délibérer, quel que fut le nombre des membres présents.

351. — *Présidence.* — Le maire préside le conseil municipal. (L. 5 mai 1855, art. 19.)

Cependant, dans les séances où les comptes d'administration du maire sont débattus, le conseil municipal désigne au scrutin celui de ses membres qui exerce la présidence. ¡Le maire peut assister à la délibération, mais il doit se retirer au moment où le conseil municipal va émettre son vote. Le président adresse directement la délibération au sous-préfet. (L. 18 juillet. 1837, art. 25.)

C'est seulement quand il s'agit des comptes du maire que la présidence est donnée au scrutin. Dans toutes les autres séances, la présidence du conseil appartient, en l'absence du maire, à l'adjoint qui le remplace. (L. 5 mai 1855, art. 19.)

A Paris, les maires n'ayant pas entrée au conseil municipal, celui-ci nomme, au scrutin secret et à la majorité absolue, son président, ses vice-présidents et ses secrétaires.

Dans les sessions extraordinaires, qui sont tenues dans l'intervalle, le bureau de la dernière session est maintenu.

352. — Dans la délibération, les conseillers siégent et prennent la parole dans l'ordre du tableau dressé d'après le nombre de voix qu'ils ont obtenues.

353. — Leur premier soin doit être d'élire au scrutin secret, et à la majorité des membres présents, le secrétaire du conseil. Les fonctions de ce secrétaire sont limitées à une seule session ordinaire ou extraordinaire.

Mais, à défaut de nomination d'un secrétaire, la délibération ne serait pas nulle. (Cons. d'Et. 25 avril 1868. — Dall. 71, 3, 86.)

354. — Dans les petites communes, il est d'usage de faire remplir les fonctions de secrétaire du con-

seil par le secrétaire de la mairie. Quoique cette pratique soit contraire au texte même de la loi, elle a été consacrée par le Conseil d'Etat (Cons. d'Et. 17 février 1862). Il faut observer toutefois que si un seul des membres du conseil demandait l'exclusion du secrétaire de la mairie, il y aurait lieu de nommer un secrétaire, sinon la délibération pourrait être annulée. Elle le serait également si le secrétaire de la mairie avait pris part à la délibération, autrement que par la simple rédaction du procès-verbal.

355. — Les conseillers municipaux peuvent faire un règlement pour la tenue de leurs séances. (Cons. d'Et. 29 juin 1841, 22 janvier 1844.)

356. — Avant d'entrer dans l'examen détaillé des attributions conférées aux conseillers municipaux, il convient d'indiquer le mode et la constatation des délibérations. Car si le maire président a la charge de diriger les délibérations, les conseillers doivent savoir quelle part ils y peuvent prendre.

Lorsqu'une discussion est engagée, chacun des assistants qui désire donner son avis attend que son tour de parole soit arrivé. Si plusieurs d'entre eux avaient demandé la parole en même temps, c'est l'ordre du tableau qu'il faudrait suivre. Les interventions, les interpellations personnelles doivent être soigneusement évitées; elles n'ont d'autres résultats que d'allonger démesurément les discussions et engendrent le plus souvent la confusion.

Ajoutons qu'un propos outrageant tenu dans la réunion du conseil a pu être considéré comme tenu en public et exposer son auteur aux peines de la loi. (Cass. 26 mai 1876.) V. infra n° 376.

357. — *Vote.* — La discussion étant épuisée, et personne ne demandant plus la parole, on passe au vote. Quand le scrutin n'est pas exigé, les conseillers interpellés dans l'ordre du tableau donnent leur avis.

358. — Mais la résolution n'est valable qu'autant qu'elle est prise à la majorité des suffrages, c'est-à-dire qu'elle est adoptée par la moitié plus un des membres qui ont assisté à la délibération. Il est toutefois nécessaire d'expliquer cette décision dont l'interprétation trop littérale pourrait paralyser toute délibération. Jusqu'ici la question a été controversée et deux opinions se sont produites : ainsi le conseil d'Etat exige que la majorité des membres en exercice ait pris part au vote pour que la délibération soit valable.

Dans ce système, sur 17 membres, s'il y a une abstention et qu'il y ait d'un côté huit membres avec le maire dont la voix est prépondérante et de l'autre huit suffrages également, le vote est valable.

Cette décision est basée sur les motifs suivants tirés d'un arrêt récent :

« Considérant qu'aux termes de l'art. 27 de la loi du 18 juillet 1837 les délibérations des conseils municipaux se prennent à la majorité des voix, et que d'après l'art. 18 de la loi du 5 mai 1855, les résolutions des conseils municipaux sont prises à la majorité absolue des suffrages ; qu'il résulte des termes de ces articles qu'il n'y a pas lieu de faire entrer dans le calcul de la majorité les membres de l'assemblée qui s'abstiennent de prendre part au vote. » (Cons. d'Et. rec. Lebon, 76, 100. — Cons. d'Et. 2 février 1870. — Dall, 71, 3, 15. — Cons. d'Et. 11 juil. 1874.— Dall. 74, 3, 36.)

359. — Cette jurisprudence est constante, mais la pratique du ministère de l'intérieur a autorisé la solution contraire qui est certainement plus logique, et le ministre a décidé que tous les membres qui ont assisté à une séance devaient être comptés comme composant la majorité exigée par l'art. 17 de la loi de 1855, alors même qu'ils auraient quitté la salle avant le vote.

Le *Journal des Communes*, qui a défendu cette opinion, fait observer justement que la loi de 1855 exige l'assistance et non le vote de la majorité. Avec la jurisprudence du conseil d'Etat, voici ce qui arriverait sans cesse. Une minorité même infime suffirait pour empêcher toute délibération et si quelques membres se retiraient après la discussion il n'y aurait plus de vote possible. Ce qui reviendrait en réalité à exiger ce que ne demande pas la loi, la majorité absolue des membres présents.

Il suffira donc que la majorité ait assisté à la discussion et que chacun ait été appelé à donner son avis.

360. — Lorsque trois membres le demandent, le vote a lieu au scrutin secret.

361. — Mais il peut se faire que la majorité ne se prononce pas, que les voix se divisent. On dit alors qu'il y a partage. Dans ce cas, et pour arriver à une solution, le maire ou l'adjoint président a voix prépondérante et fait triompher l'opinion à laquelle il s'est rallié. C'est là une règle générale et qu'il faut appliquer aux réunions auxquelles prennent part les plus imposés, même au cas où la délibération a été prise au scrutin secret. Le président est alors tenu de donner un vote public. (Cons. d'Et. 21 juillet 1869. Dall.— 71, 3, 27.)

362. — Si les conseillers ont toujours le droit de s'abstenir dans une délibération, il est certains cas où ils doivent le faire. Ainsi la loi porte que les membres d'un conseil municipal ne peuvent prendre part aux délibérations relatives aux affaires dans lesquelles ils ont un intérêt, soit en leur nom personnel, soit comme mandataires.

Cette disposition se justifie d'elle-même, et la délibération prise en violation de la loi serait nulle. (Cons. d'Et. 13 nov. 1874. — Dall. 75. 3, 73. — Cons. d'Et. 25 juin 1875. — Dall. 75. 3, 19.)

363. — Mais que faut-il entendre par assistance à la délibération ?

D'après la jurisprudence, assister à la délibération c'est prendre part au vote. Si donc le membre intéressé, tout en assistant à la séance ne votait pas, la délibération ne serait pas nulle. (Cons. d'Et. 25 avril 1868. — Dall. 71, 3, 86.)

C'est ce qui a été spécialement décidé pour un conseiller municipal chargé comme architecte de la direction des travaux d'une école, et qui avait été appelé dans le conseil pour fournir des explications sur les travaux. Il a été décidé qu'il n'y avait là aucune irrégularité. (Ibid.)

Il y aurait au contraire nullité si la séance avait été consacrée à la discussion des honoraires de cet architecte. (Ibid.)

364. — Le législateur, en interdisant aux conseillers de prendre part aux délibérations dans lesquelles ils ont un intérêt personnel, n'a pas songé à pourvoir à leur remplacement. Que faudrait-il donc décider, si par suite de l'abstention obligatoire de certains membres, le conseil ne se trouvait plus en nombre ?

La question a été plusieurs fois soulevée et a donné naissance à des solutions contradictoires ; la plus pratique paraît être celle que le conseil d'Etat a donnée dans un arrêt du 11 janvier 1866.

Il a été décidé que dans ce cas, et afin de ne pas entraver la marche des affaires municipales, il y aurait lieu pour le préfet de suspendre momentanément le conseil et de le remplacer par une commission qui prendrait une résolution sur les points en litige.

Le préfet ne pourrait, sans excès de pouvoir, désigner des habitants de la commune pour remplacer les conseillers qui doivent s'abstenir.

365. — *Abstention.* — Nous avons vu que les conseillers municipaux qui manquent à trois convocations consécutives peuvent être déclarés démissionnaires.

Aux termes d'une loi du 7 juin 1873, art. 1er. — Tout membre d'un conseil municipal qui, sans excuse valable, aura refusé de remplir une des fonctions qui lui sont dévolues par les lois, sera déclaré démissionnaire.

Le refus résulte soit d'une déclaration expresse adressée à qui de droit ou rendue publique par son auteur, soit de l'abstention persistante après avertissement de l'autorité chargée de la convocation. (Art. 2.)

Le membre ainsi démissionnaire ne pourra être réélu avant le délai d'un an. (Art. 3.)

Les dispositions qui précèdent sont appliquées par le conseil d'Etat. Sur avis transmis au préfet par l'autorité qui aura donné l'avertissement suivi de refus, le ministre de l'intérieur saisit le conseil d'Etat dans le délai de trois mois, à peine de déchéance. La contestation est instruite et jugée sans frais, dans le délai de trois mois. (Art. 4.)

366. — Si les absences n'avaient pas été notifiées à l'autorité préfectorale, il n'y aurait pas lieu de faire prononcer la démission. (Cons. Préf. Haute-Loire, 25 janvier 1876. — Rec. G. et. P. 76, p. 114.)

PROCÈS-VERBAUX DE DÉLIBÉRATIONS

367. — Les délibérations du conseil sont inscrites par ordre de dates, sur un registre coté et paraphé par le sous-préfet. Ce registre, qui ne peut sous aucun prétexte être déplacé, est confié à la responsabilité du secrétaire de la mairie. Il ne doit contenir aucun blanc, ni être bâtonné, et les ratures doivent être approuvées.

La délibération ayant été transcrite par le secrétaire est signée par tous les membres présents à la séance, ou mention doit être faite de la cause qui les a empêché de signer, sans que l'absence de certaines signatures puisse influer sur la validité de la délibération.

Les formules des procès-verbaux ne sont pas sacramentelles. Il est bon cependant de suivre un modèle uniforme qui permet de les rendre à la fois plus brèves et plus claires. On pourra donc adopter la formule suivante qui se recommande par sa simplicité.

368. — DÉLIBÉRATION DU CONSEIL MUNICIPAL.

Session ordinaire.

L'an mil huit cent soixante... le... à... heures du... mois de..., le conseil municipal de la commune de... assemblé au lieu ordinaire de ses séances, sous la présidence de M... maire (ou adjoint) pour la session ordinaire de... et ensuite de la convocation faite par M. le maire.

Présents MM...

Absents MM...

Les conseillers présents formant la majorité des membres en exercice, il a été, conformément à lart. 19 de la loi du 5 mai 1855, procédé à la nomination d'un secrétaire (*si le secrétaire de la mairie a été désigné pour tenir le registre, il suffit d'indiquer son nom et sa qualité en mettant seulement M... étant secrétaire.*)

(Si le secrétaire a été élu, on mettra :)

M... membre du conseil, ayant obtenu, au scrutin, la majorité des suffrages, a été désigné pour remplir ces fonctions qu'il a acceptées.

M. le maire a exposé...

Les matières soumises à la délibération du conseil étant épuisées, le procès-verbal a été clos et signé par les membres présents après lecture faite.

(*Signatures.*)

(Si la session n'est pas terminée on ajoute :)

M. le président, ayant levé la séance, à fixé au jour suivant à... heure... la deuxième réunion du conseil pour la continuation de la session, et le procès-verbal a été arrêté et signé par les membres présents.

(A la seconde séance et à celles qui suivent, le procès-verbal porte :)

Et le... à... heure... du... le conseil municipal réuni de nouveau sous la présidence de M. le maire, etc.

369. — Un conseiller municipal a certainement le droit de refuser de signer, mais peut-il faire constater à la suite du procès-verbal le motif de son refus ? Cette question ne peut être tranchée en principe, elle est laissée toute entière à l'appréciation de la majorité qui décide en cas de débat ce que le secrétaire devra écrire.

370. — Il est cependant certaines énonciations qui peuvent être faites au procès-verbal. Ainsi, que dans une discussion, un ou plusieurs membres aient pris la parole pour combattre l'avis qui paraît être celui de la majorité, le secrétaire pourra consigner au procès-verbal les observations qui ont été faites. Le but du législateur a été de donner à la délibération la plus grande liberté, et la discussion est la garanti du vote lui-même. Il faut donc que les membres des conseils municipaux se pénètrent bien de cette idée, que leur voix ne saurait être étouffée. Ils ont le droit absolu d'exprimer leur opinion. N'arrive-t-il pas souvent que l'avis d'un seul l'emporte sur les tendances d'une assemblée tout entière et parvient à la ramener ? Les opposants doivent donc développer librement leurs arguments.

371. — Mais si la discussion est libre, il n'en est pas de même de la reproduction des arguments fournis.

C'est la majorité du conseil qui doit décider si les opinions diverses seront consignées au procès-verbal, ou si la décision prise y sera relatée sans motifs. Les membres de la minorité n'auraient dans ce cas d'autre droit que celui de refuser leur signature, et la délibération prise serait valable, même s'il n'était pas fait mention au procès-verbal de la cause qui a empêché ces membres de signer. (Cons. d'Et. 22 décembre 1862.)

372. — S'il en est ainsi quand il s'agit d'une délibération à prendre par le conseil et d'un vote à émettre, il doit en être autrement quand le conseil est appelé à donner un simple avis. Dans ce cas, il importe que les diverses opinions soit énoncées au procès-verbal. L'administration, qui consulte et qui doit prononcer, a besoin de connaître les raisons qui ont été produites, les objections qui ont été faites à l'avis que la majorité lui transmet. Dans ce cas, le secrétaire aura pour mission d'analyser fidèlement la discussion.

373. — Le procès-verbal ayant été signé séance tenante, il n'est plus permis d'y rien ajouter. Si des rectifications étaient nécessaires, elles pourraient seulement être faites dans le procès-verbal de la séance suivante.

Il a été décidé que le procès-verbal ne serait pas nul s'il n'y avait pas eu de secrétaire élu. (Cons. d'Et. 25 avril 1868. — Dall. 71, 3, 86.)

374. — Dans la huitaine, copie de la délibération prise par le conseil municipal est expédiée au sous-préfet par les soins du maire.

PUBLICITÉ DES SÉANCES ET DES DÉLIBÉRATIONS.

375. — Avant d'examiner comment doit se faire la communication aux habitants de la commune, des

procès verbaux de délibération, il convient de
faire remarquer que les séances du conseil municipal ne sont pas et ne peuvent être publiques.
(Décr. 6 nov. 1871.)

Le conseil ne pourrait donc, sans violer ce décret, voter la publicité de ses réunions.

La règle ne souffre aucune exception.

376. — Et comme conséquence logique du
principe posé, il a été décidé que les imputations
injurieuses ou diffamatoires adressées au maire
dans une réunion du conseil municipal, au moment où à l'occasion de ses fonctions ne pouvaient
être considérées comme proférées publiquement,
alors même que les plus imposés auraient assisté
à la séance. L'injure ou l'outrage tomberaient
alors sous le coup de l'article 222 et s. C. P. (Cass.
23 nov. 1871. — Dall. 71, 1, 335. — Nancy, 21 juin
1875. — Dall. 76, 5, 356.)

377. — Mais, en dehors de l'admission du public
aux séances, il y a un autre moyen de porter à la
connaissance des habitants de la commune les
résolutions de leurs mandataires. Les électeurs
ont le droit de savoir comment leurs élus ont ac-
compli leur tâche, et il est nécessaire qu'ils cons-
tatent par eux-mêmes comment leurs intérêts ont
été défendus et sauvegardés. C'est dans ce but que
la loi a obligé le maire à communiquer, sans déplacement, aux habitants de la commune y payant
un impôt, les délibérations du conseil. La communication doit être très-large, car les habitants
contribuables ont le droit de prendre copie des
procès-verbaux, ou de s'en faire délivrer une
expédition. (Loi du 21 juillet 1867.)

378. — Mais ils ne pourraient exiger que l'administration municipale leur délivrât une certification de la copie. (Cons. d'Ét. 9 avril 1868. — Dall. 68, 3, 67.)

379. — De graves et délicates questions ont été soulevées à l'occasion de cette publicité donnée aux délibérations des conseils municipaux.

Le fait de la communication constitue-t-il une publicité telle qu'en cas de diffamation on puisse suivre les règles du droit commun en cette matière ?

Cette question est fort complexe, mais elle peut se formuler de la manière suivante : Le registre des délibérations doit il être considéré comme exposé dans un lieu public.

380. — Dans une première opinion on décide de la façon la plus formelle que le registre des délibérations et les pièces déposées aux archives ne peuvent être assimilés à des écrits déposés dans un lieu public et opérant par eux-mêmes la publication de leur contenu. (Rouen 22 mars 1851. — Dall. 52, 2, 199. — Cass. 19 et 25 janvier 1876. — Dall. 76, 1, 32. — Le Puy, 27 nov. 1876. — Cass. 6 août 1875. — Dall. 76, 1, 461.)

381. — Cette doctrine cependant admet un tempérament. Ainsi la Cour de Cassation a décidé qu'il y aurait publicité de la délibération du conseil, si cette délibération, contenant des énonciations diffamatoires, injurieuses ou outrageantes, avait été communiquée ou lue par le secrétaire de la mairie à plusieurs personnes, et si le registre avait été exposé sur une table par la volonté des rédacteurs de la délibération. (Cass. 19 et 25 janvier 1876. Ibid.)

Dans ce système, comment l'individu diffamé ou outragé peut-il obtenir justice et réparation ? On décide alors que, par application de la loi des 14-22 déc. 1789, art. 60. l'individu qui se croit personnellement lésé par un acte quelconque d'un corps municipal ne peut qu'exposer ses motifs de plainte à l'autorité administrative supérieure. laquelle y fait droit, s'il y a lieu.

Le préfet devrait donc connaître de la diffamation commise, et il ne pourrait qu'ordonner la suppression du passage injurieux ou diffamatoire. (Cons. d'Et. 17 août 1866. — Dall. 67, 3, 59. — Cons. d'Et. 25 mai 1870. — Dall. 70, 3, 74.)

On conçoit combien cette ressource est précaire, aussi un grand nombre de décisions repoussent-elles de la manière la plus expresse les conclusions formulées par la Cour de Cassation depuis 1875, et admettent que le registre des délibérations municipales étant communiqué au public, dans un lieu public, est bien un écrit public, et que dès lors il y a lieu d'appliquer l'art. 1er de la loi du 17 mai 1819. (Poitiers, 31 janvier 1873.— Dall. 75, 2, 78. — Amiens, 14 janv. 1875. — Dall. 75, 2, 78. — Poitiers, 12 févr. 1875. — Dall. 75, 2, 78. — Bastia, 23 déc. 1875 — Dall. 76, 5, 347. — Alger, 7 mars 1877. — Dall. 17, 2, 86, — France jud. 2, 50.)

L'arrêt de cette dernière cour résume toute la controverse ; à ce titre, il mérite d'être reproduit :

Considérant que l'application de l'art. 29 de la loi de 1855 donne à tous les habitants de la commune le droit de prendre communication et copie des délibérations du conseil municipal ; qu'une pièce ainsi laissée à la disposition permanente et absolue du public, est exposée dans un lieu public ;

Qu'en tous cas, la publicité exigée par l'article 1er de la loi du 17 mai 1819 résulterait des communications successives qui sont le résultat nécessaire et légal de l'existence de la délibération ;

Considérant que dans l'espèce la publicité définie par la loi de 1819 n'est pas nécessaire pour constituer le délit ; qu'aux termes de l'art. 6, L. 25 mars 1822, une publicité quelconque et même restreinte est suffisante ; que le délit d'outrage est caractérisé dès qu'il a son siége dans un lieu où le public a accès, et même sans la présence effective de ce public ; que la faculté pour les habitants de prendre communication des délibérations du conseil municipal, imprime le caractère de publicité au registre de ces délibérations et au lieu ou il est déposé.

Considérant qu'il n'est pas admissible que des conseillers municipaux puissent à leur gré, et sans encourir une répression pénale, infliger des censures outrageantes et permanentes aux fonctionnaires et aux ministres du culte (1).

382. — L'autorité judiciaire serait donc compétente pour connaître de la diffamation commise. (Cons. d'Et. 7 mai 1871. — Dall. 72, 3, 17. — Poitiers, 31 janvier 1873. — Dall. 75, 2, 78.)

383. — Il n'y a pas diffamation dans la délibération d'un conseil municipal qui, sans intention de nuire, fait ressortir l'insuffisance et la défectuosité d'une entreprise, comme un chemin de fer. (Douai, 26 déc, 1873. — Dall. 74, 2, 223.)

384. — Mais il a été décidé que la délibération d'un conseil municipal prise au sujet d'une

____

(1) Dans l'espèce il s'agissait d'imputations dirigées contre un ministre du culte.

décision du conseil de préfecture relative à une demande en autorisation de plaider, peut être attaquée pour outrages et n'est pas couverte par l'article 23 de la loi de 1819 d'après laquelle les écrits produits devant les tribunaux ne peuvent donner lieu à aucune action en diffamation. (Bastia, 23 déc. 1875. — Dall. 76, 3, 352.)

On ne pourrait donc, en vertu de cet article, en demander la suppression. (Cons. d'Et. 19 mars 1868. — Dall. 69, 3, 98.)

385. — Dans certains cas, le maire n'a pas seulement à satisfaire aux demandes de communication, il doit même, conformément aux dispositions d'une ordonnance du 18 décembre 1838, inviter les habitants de la commune à prendre connaissance des délibérations du conseil.

Ainsi, le maire devra avertir les habitants par la voie des annonces et publications usitées dans la commune, de se présenter à la mairie, pour prendre connaissance des délibérations du conseil relatives :

1° A l'administration des biens communaux ;

2° Aux baux à ferme ou à loyer des mêmes biens ;

3° Au mode de jouissance et à la répartition des pâturages autres que les bois ;

4° Aux affouages.

Si un maire se refusait à faire les communications exigées par la loi, il serait nécessaire de s'adresser au préfet qui aviserait.

386. — Quant à la publication, par la voie des journaux, des débats qui ont lieu dans le sein du conseil municipal, elle n'est pas accordée de plein droit aux conseillers municipaux, mais ils peuvent l'obtenir du préfet. Cette question a fait l'objet d'une circulaire ministérielle du 16 septembre 1865 dont les conclusions sont intéressantes à connaître:

« En résumé, écrivait le ministre aux préfets, les délibérations et les débats des conseils municipaux ne peuvent être publiés officiellement qu'avec votre approbation. Cette approbation doit être demandée pour chaque délibération. Elle ne saurait être accordée qu'aux délibérations transcrites sur les registres du conseil, dans les formes ordinaires. Elle devra être refusée pour les délibérations qui, lors même qu'elles seraient régulières d'ailleurs, contiendraient le nom des membres qui ont pris part à la discussion.

« Ces prescriptions de la loi ouvrent aux conseils municipaux la faculté de porter à la connaissance de leurs mandants les résolutions qu'ils ont prises dans la gestion des intérêts communaux ; en même temps elles réservent à l'administration le droit d'empêcher les abus qui tendraient soit à déplacer l'action des conseils municipaux, soit à seconder, au détriment des affaires publiques, les calculs individuels. »

387. — Il convient d'ajouter que la publication officielle ne peut consister qu'en une reproduction du texte même des délibérations, tel qu'il existe sur le registre du conseil, et non dans l'insertion d'un compte rendu spécial et analytique des séances, distinct du procès-verbal.

CHAPITRE VIII

ATTRIBUTIONS DES CONSEILS MUNICIPAUX

Sommaire alphabétique

388. — Il n'est certainement pas, dans notre droit administratif, de matière plus intéressante à étudier que celle des attributions du conseil municipal.

L'étendue et l'importance des droits que la loi lui confère, quoique limitée dans la sphère des intérêts de la commune, est cependant si grande qu'on ne saurait trop insister sur chacune de ses attributions.

Jadis investi du seul droit d'initiative, le conseil municipal possède aujourd'hui la direction presque complète des affaires. Aussi peut-on dire que les représentants de nos communes ont véritablement entre leurs mains la prospérité de ces associations municipales, solides assises de la grande patrie française, et auxquelles les populations sont si profondément attachées non-seulement par la communauté des intérêts, mais aussi par celle des souvenirs et des affections.

389. — Que les représentants des plus petites bourgades se pénètrent bien de cette pensée : De leur prévoyance, de leur zèle, dépend surtout la prospérité du pays. Qu'ils ne reculent donc jamais dans l'exercice de leur mandat. S'ils voient les abus, ils peuvent les réformer ; s'ils devinent les progrès, ils peuvent les accomplir. En un mot, la tutelle qui leur est confiée est, pour ainsi dire, l'application aux intérêts de la commune des droits que la loi donne au père pour l'administration du patrimoine de sa famille.

Mais aussi que leur zèle ne les emporte pas. Si le domaine des intérêts communaux leur est tout entier ouvert ; s'ils peuvent même, étendant plus loin leur action, soumettre des vœux à l'autorité supérieure, il est une sphère dans laquelle ils ne pourraient entrer sans y perdre de leur propre autorité et sans compromettre les intérêts qui leur sont confiés, c'est la sphère de la politique. Le danger est là aujourd'hui ; les empiétements de certaines municipalités trop ardentes ont justement effrayé l'opinion publique, et ce n'est pas seule au point de vue de l'intérêt privé, c'est aussi au point de vue de l'intérêt général qu'il est indispensable aux mandataires de la commune de bien se pénétrer de leurs devoirs.

Connaissant mieux leurs attributions et les lois qui les règlent, ils ne voudront jamais s'en écarter.

C'est dans ce but que ce modeste volume a été écrit. Nos conseillers municipaux y trouveront mieux que la solution des questions contentieuses ; ils y trouveront les règles auxquelles leur mandat est soumis et les droits dont ils peuvent user.

DIVISION DES SESSIONS ORDINAIRES

390. — Les trois sessions de février, d'août et de novembre sont plus particulièrement consacrées à l'administration des propriétés de la commune et à la garde de ses intérêts. Celle de mai, la plus importante de toutes, est réservée pour le vote du budget. Mais comme cette dernière doit être l'objet d'un chapitre spécial, il est utile de passer d'abord en revue les questions que le conseil peut avoir à résoudre, les décisions qu'il doit prendre dans les trois autres réunions.

391. — *Commissions.*— Pendant chacune de ces sessions les conseils municipaux peuvent nommer dans leur sein des commissions. Ces commissions sont en effet autorisées par une jurisprudence constante, mais elle ne sauraient avoir d'autre mission que de préparer un travail sur un objet ou sur un compte déterminés, et leur existence est limitée à la décision que le conseil prend par suite du rapport que lui présente la commission. (Circ. min. 17 juillet 1838.)

Se tenant dans ces limites, les conseils agiront sagement en nommant des commissions pour étudier certaines questions difficiles ; c'est le meilleur et le plus sûr moyen d'expédier les affaires.

392. — On s'est demandé quel était le droit du maire vis-à-vis de ces commissions spéciales, même lorsqu'il n'était pas pris dans le conseil. La question, à ce point de vue, peut présenter quelque intérêt. Nous n'hésitons pas à répondre que l'usage s'est chargé sur ce point d'interpréter la loi. Le maire peut donc prendre part aux travaux de chacune de ces commissions, il doit même les présider. Le maire, déclarait le rapporteur de la loi de 1855, est de droit président et membre de toutes les commissions.

Le bulletin officiel de 1874 contient d'ailleurs une note qui peut servir de règle en cette matière :

Certains conseils municipaux ont l'habitude de nommer dans leur sein des commissions d'étude chargées de préparer la solution des questions qui leur sont soumises.

Bien que l'existence de ces commissions n'ait été formellement prévue par aucun texte et qu'elles n'aient par conséquent pas de caractère légal, elles sont admises dans la pratique, et leur utilité ne peut en certains cas être contestée.

Mais de cette pratique est née la question de savoir quelle est la situation du maire vis-à-vis des commis-missions ainsi nommées par les conseils municipaux. A-t-il simplement le droit de prendre part à leurs travaux, ou est-il appelé à les présider comme le conseil municipal?

C'est dans ce dernier sens qu'est aujourd'hui fixée la jurisprudence. Le rapporteur de la loi du 5 mai 1855 devant le Corps législatif a en effet déclaré expressément que le maire est de droit, président et membre de toutes les commissions, et cette déclaration qui n'a point été contestée dans le cours de la discussion de la loi, ne laisse place à aucun doute.

393. — *Session de février.* — La première session s'ouvre en février : elle est en général consacrée à l'instruction publique. Pendant son cours, le conseil municipal est appelé à voter toutes les dépenses des écoles communales pour l'exercice courant. Il délibère sur le taux de la rétribution scolaire, sur le traitement de l'instituteur et sur les centimes spéciaux que la loi l'autorise à voter quand la commune n'a pas de revenus suffisants.

394. — On sait ce qu'est la rétribution scolaire payée par les enfants qui fréquentent l'école. Quant au traitement des instituteurs, il suffira de rappeler qu'aux termes des lois du 19 juillet 1875 et 8 août 1876, le traitement minimum qui doit leur être voté est de 900, 1,000, 1,100, 1,200 francs, suivant la classe à laquelle ils appartiennent. Celui des institutrices est de 700, 800 et 900 fr. Pour les adjoints le minimum est 600 et 700.

Le conseil devra donc se rendre un compte exact du produit de la rétribution scolaire afin de porter le traitement de l'instituteur au minimum fixé par la loi. Il est toujours libre, si les ressources du budget le permettent, d'élever ce traitement.

395. — En cas d'insuffisance de revenus, il peut voter jusqu'à 4 centimes spéciaux. (L. 16 juil. 1875) et 6 centimes en plus avec le concours des plus imposés (L. 26 déc. 1876.)

396. — Le conseil municipal a encore le droit de proposer, car la décision appartient ici au conseil départemental, que le traitement d'un maître-adjoint attaché à l'école communale sera pris sur le montant de la rétribution scolaire, mais seulement après que le traitement de l'instituteur a été assuré.

397. — Dans tous les cas le conseil examine les rôles de la rétribution scolaire pour l'année précédente et joint à l'appui de sa délibération un résumé faisant connaître :

1° Le montant des rôles ;

2° Les non-valeurs résultant des cotes indûment imposées ;

3° Les sommes recouvrées ;

4° Celles dont la rentrée est réalisable ;

5° Celles qui sont à porter sur l'état des cotes irrécouvrables.

398. — Il a également le droit de voter la gratuité de l'école primaire. S'il l'accorde, il doit avant tout se préoccuper de sauvegarder la position et les intérêts de l'instituteur.

Il peut, en sus de ses propres ressources et des centimes spéciaux autorisés par les lois des 15 mars 1850 et 10 avril 1867, affecter à cet entretien le produit d'une imposition de quatre centimes additionnels.

En cas d'insuffisance de ces ressources, une subvention peut être accordée à la commune, soit sur les fonds du département, soit sur les fonds de l'Etat, dans les limites déterminées par les lois de finances.

Et si ces ressources ne suffisaient pas encore, la commune pourrait, dans le but d'établir la gratuité, établir une nouvelle imposition de six centimes. (L. 26 déc. 1876.)

399. — Quand l'école n'est pas gratuite, le conseil a aussi à fixer la liste des enfants indigents qui seront admis ou maintenus gratuitement à la classe, si cette liste n'a pas été dressée dans la précédente session de novembre.

Il a toute liberté pour ce choix, mais il ne devra qu'exceptionnellement admettre des enfants des communes voisines.

400. — Dans le cas où un conseil municipal a établi la gratuité, pour les écoles de la commune, il ne pourrait refuser à des instituteurs congréganistes le traitement auquel ont droit les instituteurs des écoles gratuites, en se fondant sur ce qu'il n'entend faire jouir de la gratuité que les écoles laïques. (Cass. 12 janvier 1877. — Dall. 77, 3, 42.)

401. — De plus, s'il établit la gratuité, il ne peut prétendre que les instituteurs doivent percevoir la rétribution scolaire en déduction du traitement. Le traitement intégral déterminé par la loi de 1875 et le décret de 1876 doit leur être alloué. (Cons.

d'Et. 6 mars 1874. — 27 mars 1874. — Dall. 74, 3, 97, 98.)

402. — Le conseil délibère sur la prestation à fournir par les élèves et les lecteurs, pour les livres de la bibliothèque scolaire.

403. — Enfin une délibération du conseil municipal, approuvée par le préfet, peut créer dans toute commune une caisse des écoles destinée à encourager et à faciliter la fréquentation de l'école par des récompenses aux élèves assidus et par des secours aux élèves indigents.

Le revenu de la caisse se compose de cotisations volontaires et de subventions de la commune, du département ou de l'Etat. Elle peut recevoir, avec l'autorisation du préfet, des dons et legs.

Plusieurs communes peuvent être autorisées à se réunir pour la formation et l'entretien de cette caisse.

Le service de la caisse des écoles est fait gratuitement par le percepteur. (L. 10 avril 1867, art. 15.)

404. — C'est également pendant la session de février que le conseil municipal peut réclamer contre le contingent de la commune dans la répartition des impôts, des taxes ou du classement pour la perception des droits d'entrée.

405. — A l'occasion de ces matières dont l'importance ne saurait échapper à personne, on ne pourrait trop répéter que les dépenses de l'instruction primaire sont les plus productives et les plus intelligentes de toutes. L'esprit des enfants est un champ qu'il faut cultiver ; il n'y a donc pas d'économies à faire pour les écoles. Aujourd'hui

que la guerre contre l'ignorance est officiellement
engagée, c'est aux conseils municipaux qu'il appartient de prendre l'initiative et de faire ainsi
acte de patriotisme aussi bien que de sagesse.

Les délibérations qui précèdent le vote du budget
doivent être envoyées aux sous-préfets avant le
1er mai.

406. — DÉLIBÉRATION DU CONSEIL MUNICIPAL SUR LES DÉPENSES DE L'ÉCOLE PRIMAIRE.

L'an mil huit cent...., le.... février,

M. le président a donné connaissance des dispositions
de la loi du 15 mars 1850 et des décrets des 7 octobre
suivant et 31 décembre 1853, relatives aux dépenses de
l'enseignement primaire, et a invité le conseil municipal
à délibérer sur ces dépenses et sur les moyens d'y pourvoir pendant l'année 18...

Le conseil municipal, après en avoir délibéré, a pris
successivement les décisions suivantes :

Il a fixé le taux de la rétribution scolaire pour l'année
18.., à..... (*On indiquera s'il y a un taux unique, ou si
le taux varie suivant les classes ou catégories d'élèves.*)

Il a arrêté le traitement fixe de l'instituteur pour
ladite année à la somme de..... (*Si la commune est
réunie à une autre pour l'entretien de l'école, on ajoutera ces mots : pour la portion afférente à la commune
réunie à celle de....*)

ci. . . . . . .

Il a examiné ensuite si, conformément à l'article 1er de la loi du 19 juillet 1875 et au décret du
8 août 1876, il y a lieu d'allouer à l'instituteur un
supplément de traitement, afin d'élever son revenu au minimum de . .; à cet effet, il s'est fait
représenter les rôles de la rétribution scolaire de
18.., lesquels s'élèvent, déduction faite des non-

valeurs, à la somme de...... francs. Cette somme, prise pour base de la rétribution scolaire de 18.., et ajoutée au montant du traitement fixe arrêté ci-dessus, donnant la somme totale de....., le conseil municipal a alloué ou n'a pas alloué un supplément de traitement pour l'année 18.. (*Si la commune ne possède pas de maison d'école, on ajoutera ici un article pour frais de location d'une maison d'école, ou indemnité de logement à l'instituteur.*)

On ajoutera également un article pour frais d'impressions relatives à l'instruction primaire à la charge de la commune. . . . .

Total des dépenses. . . . . . .

Avisant ensuite au moyen d'acquitter cette dépense, le conseil municipal a décidé qu'il serait prélevé pour cet objet, sur les ressources ordinaires de la commune, la somme de....

ci . . . .

Laquelle somme, ajoutée au montant de l'imposition spéciale de 4 centimes additionnels au principal des quatre contributions directes, ci . . .

forme la somme de. . . . . .

En conséquence, le département et l'Etat auront à fournir, pour compléter les dépenses ordinaires et obligatoires de l'instruction primaire, une subvention de. . . . .

Total égal . . . .

Fait et délibéré à......, les jour, mois et an susdits.

(*Signatures.*)

107. — *Session de mai.* — Vote du budget, examen des recettes et des dépenses.

108. — *Session d'août.* — Le conseil examine la liste des enfants qui pourront être admis gratuitement à l'école communale lors de la rentrée. Il doit se préoccuper de l'intérêt de l'enfant bien plutôt que de l'avantage des parents. Faire entrer à l'école l'enfant d'un indigent, c'est arracher une recrue à l'armée du crime et de la misère. Que les parents soient ou non dignes de pitié et de faveur, peu importe, c'est à l'enfant qu'il faut songer ; plus celui-ci est délaissé, plus les secours lui sont nécessaires.

Le sentiment porte d'ordinaire à préférer l'enfant d'un indigent honnête au fils du débauché ; le conseil municipal comprendra qu'il doit effacer toute distinction entre eux et voudra fournir à l'un ce que l'autre trouve au foyer paternel, de bons exemples et de bons conseils.

109. — *Session de novembre.* — On expédie les affaires en retard ; on emploie les fonds disponibles ; on règle les mémoires des entrepreneurs qui doivent être payés avant la clôture de l'exercice, c'est-à-dire avant le 31 mars. Enfin le conseil délègue un de ses membres pour faire partie de la commission de révision des listes électorales, et deux autres conseillers chargés d'assister la commission pour ses jugements.

110. — Il désigne aussi les jeunes gens de la commune qui, à titre de soutiens de famille, peuvent être provisoirement dispensés du service militaire, et donne son avis sur les demandes de sursis. (Loi du 27 juillet 1872. Art. 22, 24.)

111. — Tels sont les objets spéciaux sur lesquels le conseil municipal doit délibérer pendant les diverses sessions de l'année. Mais si les nécessités des exercices lui font un devoir de s'occuper, à certaines dates de l'instruction primaire et du budget, pendant chaque session, il doit, sur la proposition du maire ou l'initiative de ses membres, étendre sa sollicitude sur toutes les matières que la loi de 1867 a placées dans ses attributions.

C'est donc en se référant aux dispositions de cette loi que les conseillers municipaux peuvent se rendre compte de l'étendue et de l'importance de leur mandat.

112. — La loi de 1867 qu'il convient maintenant d'aborder est une nomenclature exacte des attributions du conseil municipal Elle a eu pour but de compléter les dispositions de la loi de 1837, qui est véritablement la base de notre organisation municipale, et qui contenait en germe tous les progrès qu'on eut pu accomplir.

Mais ce but n'est pas le seul que le législateur de 1867 se soit proposé; il a voulu :

1° Donner au conseil municipal un droit de règlement définitif sur certaines matières pour lesquelles il était antérieurement soumis à l'approbation de l'autorité ;

2° Soumettre certains votes du conseil municipal à une autorité plus rapprochée ;

3° Enlever le droit de vote au conseil municipal quand il y a désaccord entre le maire et lui.

Si maintenant l'on considère les restrictions que la loi peu libérale de 1867 a opposées à l'initiative des conseils municipaux, on voit qu'elle est en opposition flagrante avec les principes de décentralisation qui sont aujourd'hui en faveur, et que les excès de quelques-uns ne sauraient condamner. Mais cette critique faite, il faut reconnaître que la loi ne 1867, dans ses dispositions spéciales, a réellement étendu la sphère des attributions du conseil municipal.

Avant d'entrer dans l'énumération elle-même, il est utile de diviser ces attributions suivant leur étendue. Trois catégories les renferment toutes. La première embrasse toutes les affaires que le conseil peut régler définitivement. La seconde comprend les affaires sur lesquelles le conseil doit seulement délibérer. Dans la troisième, on range celles sur lesquelles il peut seulement donner son avis.

CHAPITRE IX

ATTRIBUTIONS RÉGLEMENTAIRES

Sommaire alphabétique

---

413. — La loi de 1837 accordait aux conseils municipaux le droit de règlement :

1° Sur le mode d'administration des biens communaux ;

2° Les conditions des baux à ferme ou à loyer dont la durée n'excédait pas dix-huit ans pour les biens ruraux et neuf ans pour les autres biens ;

3° Le mode de jouissance et la répartition des pâturages et fruits communaux autres que les bois, ainsi que les conditions à imposer aux parties prenantes.

3° Les affouages, en se conformant aux lois forestières ;

414. — La loi de 1867 a ajouté :

1° Les acquisitions d'immeubles, lorsque la dépense, totalisée avec celle des autres acquisitions déjà votées dans le même exercice, ne dépasse pas le dixième des revenus ordinaires de la commune ;

2° Les conditions des baux à loyer des maisons et bâtiments appartenant à la commune, pourvu que la durée du bail ne dépasse pas dix-huit ans ;

3° Les projets, plans et devis de grosses réparations et d'entretien, lorsque la dépense totale afférente à ces projets et aux projets de même nature adoptés dans le même exercice ne dépasse pas le cinquième des revenus ordinaires de la commune, ni en aucun cas une somme de 50,000 fr. ;

4° Le tarif des droits de place à percevoir dans les halles, foires et marchés ;

5° Les droits à percevoir pour permis de stationnement et de location sur les rues, places et autres lieux dépendant du domaine public communal :

6° Le tarif des concessions dans les cimetières ;

7° Les assurances des bâtiments communaux ;

8° L'affectation d'une propriété communale à un service communal, lorsque cette propriété n'est encore affectée à aucun service public, sauf les règles prescrites par des lois particulières ;

9° L'acceptation ou le refus des dons ou legs faits à la commune, sans charges, conditions ni affectation immobilière, lorsque ces dons et legs ne donnent pas lieu à réclamations.

Tel est l'ensemble des dispositions nouvelles de la loi de 1867. Il est nécessaire d'entrer dans l'examen détaillé de ces attributions conférées aux conseils municipaux.

115. — *Abattoirs.* — Le conseil municipal règle la taxe des droits d'abatage, d'étable et d'écurie dans les abattoirs publics.

116. — DÉLIBÉRATION RELATIVE AU TARIF DES TAXES D'ABATTOIRS.

L'an le...

Vu la délibération en date du... par laquelle le conseil a donné un avis favorable à l'établissement d'un abattoir dans la commune de...

Vu également la délibération en date du... par laquelle il a approuvé le choix de l'emplacement fait par le maire

— 229 —

et voté l'acquisition du terrain, l'exécution des travaux et les ressources applicables au paiement de la dépense totale s'élevant à ...

Vu le tarif proposé par le maire pour la perception des droits d'abatage, d'étable et d'écurie, au mètre superficiel occupé,

Vu l'état du relevé de la consommation de la commune pendant les trois dernières années, duquel il résulte :

1° Que les droits proposés produiront par an, environ . . . .

2° Que les frais d'agence et d'entretien sont évalués à. . . . .

3° Que le produit net des taxes pourra s'élever par an, à environ. . . . .

Vu le tarif et l'état du produit des droits d'octroi établis sur la viande et présentant, d'après les comptes des trois dernières années, une moyenne de...;

Vu la loi du 18 juillet 1837, art. 31 ; et le décret du 1er août 1864;

Vu les circulaires ministérielles des 22 décembre 1825, 11 mai 1816, 5 mai 1855, 22 juin 1852, 8 sept. 1864.

Considérant qu'en principe les abattoirs ne doivent pas être établis en vue de procurer des revenus aux communes, mais qu'ils ont pour unique objet de pourvoir à la sûreté et à la salubrité publiques ; qu'il est juste, toutefois, que les communes trouvent dans la perception des taxes d'abatage et des droits d'étable et d'écurie une ressource suffisante pour subvenir au paiement de la dépense de ces établissements, et les indemniser des frais annuels d'agence et d'entretien ;

Considérant que le tarif proposé est établi conformément aux instructions ministérielles ;

Considérant que la quotité des taxes dont il s'agit, combinée avec le tarif des droits d'octroi sur la viande, n'est pas de nature à restreindre la consommation ni à nuire à la production ;

Considérant enfin, que la perception desdites taxes, pendant une durée de.... ans, produira net une somme de..., suffisante pour subvenir à la dépense d'établissement de l'abattoir projeté ;

Délibère :

Il y a lieu d'autoriser la commune à percevoir, pendant..., années, les droits d'abatage, d'étable et d'écurie, conformément au tarif ci-dessus visé, pour le produit être affecté spécialement au paiement de la dépense de construction d'un abattoir communal et des frais annuels d'agence et d'entretien.

Fait et délibéré à....,

417. — Aux termes d'un décret du 1er août 1861. — (J. des com. 37, 338.) les taxes doivent être calculées de manière à ne pas dépasser les sommes nécessaires pour couvrir les frais annuels d'entretien et de gestion des abattoirs, et pour tenir compte à la commune du capital dépensé pour leur construction, et de la somme qui serait affectée à l'amortissement de ce capital (art. 2). Ces taxes ne peuvent dépasser le maximum de 0,015 par kilogramme de viande (art. 3).

Toutefois, lorsque la commune a dû voter un emprunt ou une concession temporaire pour couvrir les frais de construction des abattoirs, les taxes peuvent être portées à 2 centimes par kilog., et si ce taux est nécessaire pour pourvoir à l'amortissement de l'emprunt et indemniser le concessionnaire (art. 4) une taxe supérieure devrait être autorisée par décret (art. 5). Le conseil municipal peut concéder la construction d'un abattoir à un entrepreneur moyennant la perception des droits pendant un certain nombre d'années ; ce n'est pas la un emprunt déguisé. (Déc. min. J. des com. 39, 28.)

Mais il ne pourrait établir une taxe spéciale en dehors de la taxe d'abatage, ainsi un droit de vérification. — (Déc. min. 1866.)

118. — *Acquisition d'immeubles.* — S'il s'agit d'une acquisition à titre onéreux, le conseil municipal a le droit d'initiative et peut voter l'acquisition d'un immeuble dont la valeur ne dépasse pas le dixième des revenus de la commune. Dans ce cas l'approbation préfectorale n'est nécessaire que s'il y a désaccord entre le maire et le conseil municipal.

119. — Le calcul des revenus doit être fait non sur le total des recettes ordinaires figurant au budget de l'exercice courant, mais sur la moyenne de ces recettes établie d'après les comptes administratifs des trois dernières années. (Circ. min. 3 août 1867. — Dall. 67, 3, 73.)

120. — Les acquisitions ont lieu de gré à gré, par voie d'expropriation ou par adjudication.

121. — Si la valeur de l'immeuble n'est pas supérieure à 500 francs, le conseil peut autoriser la commune à ne pas purger les hypothèques ; mais sa délibération doit être alors approuvée par le préfet. (Déc. min. 14 juillet 1866.)

122. — Le conseil municipal seul, sans le concours des plus imposés, ne peut décider l'acquisition d'un immeuble dont le prix serait payable après un certain nombre d'années avec le produit d'une coupe de bois, si les intérêts devaient être servis jusqu'à ce moment à l'aide des revenus or-

dinaires de la commune. (Cons. d'Et. 29 juin 1860.
— Dall. 71, 3, 14.)

123. — S'il s'agit de l'acquisition d'immeubles
appartenant à l'Etat, un décret déclare l'utilité de
l'acquisition et la commune peut ensuite traiter
avec le ministre intéressé. (Déc. min. 1857.)

124. — Il est bien évident qu'on ne saurait donner aux municipalités que des indications générales, relativement aux immeubles qu'elles veulent
acquérir. Mais il n'est pas inutile de rappeler que
si les acquisitions d'immeubles destinés aux services publics de la commune, sont des actes de
bonne administration, puisqu'elles peuvent être
faites avec des excédants de recette, et qu'elles
épargnent les dépenses constantes d'une location;
il n'en saurait être de même des propriétés de
rapport: les biens possédés par les communes ne
donnant, en général, qu'un revenu très-faible et
inférieur à celui qu'un particulier en pourrait
tirer.

Cette infériorité, due aux conditions mêmes de
l'administration que la loi a imposée aux communes, doit inspirer aux municipalités et à leurs
représentants la plus grande réserve.

125.—DÉLIBÉRATION AU SUJET D'UNE ACQUISITION (1).

L'an le. . . . .

M. le maire a exposé que la commune de.... a besoin
d'un bâtiment pour *tel usage, tel établissement : ou bien*
d'un terrain pour *telle construction, tel marché, tel emplacement;* qu'il existe (*indiquer l'endroit*) un immeuble

(2) Cette formule est générale et s'applique aux acquisitions
dépassant le dixième des revenus de la commune.

qui lui parait convenir à cette destination, et dont le propriétaire, M...., consent à faire cession à la commune moyennant la somme de..., ou sur estimation contradictoire ; que cette acquisition pourrait être payée au moyen de..., (*indiquer les ressources et ajouter si l'acquisition peut être faite par le conseil seul.*)

M. le maire a invité le conseil à délibérer sur cette acquisition.

Le conseil municipal, considérant que le bâtiment ou terrain dont M. le maire propose l'acquisition convient en effet à l'établissement dont il s'agit, que la commune a les ressources nécessaires pour en faire l'acquisition, a été d'avis d'autoriser M. le maire à faire lever le plan des lieux et à demander à M. le sous-préfet la nomination d'un expert pour procéder à l'estimation de l'immeuble.

Fait et délibéré à. . . . .

(*Signatures.*)

126. — *Affectation des propriétés communales.* — Le conseil règle l'affectation d'une propriété communale à un service communal lorsque cette propriété n'est affectée à aucun service public, sauf application des règles établies par des lois particulières.

Il règle aussi la désaffectation des mêmes propriétés. — (Cons. d'Et. 14 août 1863.)

127. — *Affouages.* — On entend par affouage le droit qu'ont les habitants d'une commune de prendre part à la distribution des coupes de taillis et de futaie faites dans les bois ou propriétés communales.

128. — C'est au conseil municipal qu'il appartient de régler le rôle des rétributions à payer par les affouagistes. Le total de la somme à imposer est réparti proportionnellement entre tous les lots, suivant les prescriptions de l'article 105 du code forestier.

La taxe ne doit pas être fixée arbitrairement et ne peut être établie, aux termes de la loi du 17 août 1828, que si les revenus des bois ne suffisent pas à payer les frais de coupe.

Les produits de l'affouage étant destinés aux habitants, ce n'est que dans un cas urgent et à défaut d'autre ressource que le produit peut être vendu pour subvenir à des dépenses autres que celles prévues par l'art. 109 du code forestier.

429. — Il a été jugé que la délibération d'un conseil municipal qualifiant d'abus la jouissance exclusive des coupes de bois, attribuée à certains habitants par un ancien usage, et prescrivant le partage de la coupe annuelle indistinctement, ne fait pas obstacle à ce que les ayants-droits se pourvoient devant la juridiction civile à l'effet de se faire maintenir dans le droit dont ils sont en possession. (Cass. 24 févr. 1874. — Dall. 74, 1, 223.)

430. — *Assurances.* — Les assurances des bâtiments communaux sont réglées par le conseil municipal.

431. — DÉLIBÉRATION RELATIVE A UNE ASSURANCE CONTRE L'INCENDIE.

L'an . . . le

Le conseil municipal, vu la police proposée par la compagnie *la Nationale* dont le but est d'assurer contre l'incendie pendant. . . . à partir du. . . et moyennant une prime annuelle de. . . calculée à raison de. . . (*distinction des immeubles*);

Vu la loi du 24 Juillet 1867;

Vu le bordereau de la situation financière de la commune;

Vu le budget communal pour l'exercice. . . .

Considérant que la compagnie *la Nationale* présente toutes les garanties désirables ;

A délibéré ce qui suit:

Il y a lieu d'autoriser la commune à traiter avec la compagnie *la Nationale* ponr l'assurance contre l'incendie des bâtiments communaux ci-dessus mentionnés, aux clauses et conditions stipulées dans la police ci-dessus visée.

Le paiement de cette dépense sera effectué au moyen du crédit alloué annuellement au budget pour cette destination.

Fait et délibéré à. . . .

(Signatures.)

132. — *Biens communaux.* — Les biens communaux sont administrés par le conseil qui en règle le mode de jouissance ou de partage par lots. Mais dans ce dernier cas, si le partage de jouissance doit être fait pendant une période de plus de 18 ans, une circulaire du 23 décembre 1837 l'assimile à un bail réel, et la délibération qui l'a établi doit être approuvée.

133. — L'acte authentique de partage est passé devant un notaire, en présence de deux membres du conseil.

134. — DÉLIBÉRATION SUR LE MODE D'ADMINISTRA-
TION DES BIENS COMMUNAUX.

L'an. . . le. . .

M. le maire a exposé que l'exploitation des biens communaux lui paraissait susceptible d'amélioration:

qu'ainsi les terrains vagues situés. . . . pourraient être utilement livrés à l'agriculture et affermés. En conséquence, M. le maire a proposé de délibérer sur le mode d'administration de ces biens, et il a déposé sur le bureau un plan des biens possédés par la commune et les titres de propriété.

Le conseil municipal,

Vu les art. 17 et 18 de la loi du 18 juillet 1837; les art. 4-12 de la loi du 28 juillet 1860, et l'art. 1 de la loi du 21 juillet 1867;

Vu le décret du 25 mars 1852;

Vu les circulaires de M. le ministre de l'intérieur des 13 mars 1839, 19 décembre 1840, 5 mai 1852, et du 3 août 1867;

Considérant que les moyens proposés sont facilement réalisables. . . (ou qu'il y a lieu d'adopter un autre mode d'administration).

Règle comme il suit les conditions de la mise en culture des propriétés de la commune :

Art. 1er. Le terrain situé. . . désigné au plan cadastral sous le n°. . . et sous le n° . . . au plan spécial des biens communaux sera mis en ferme par adjudication publique . . . ou administré en régie, aux conditions suivantes. . .

Art. 2. . . (*conditions*)

Art. 3. Sont réservés et maintenus (*s'il y a lieu*) en jouissance commune, conformément aux anciens usages, les pâturages. . . à l'égard desquels il n'est rien innové.

Le présent règlement sera publié et affiché dans la commune, conformément aux prescriptions de l'ordonnance du 18 décembre 1838.

Fait et délibéré à. . .

(Signatures.)

135. — Le conseil règle le pâturage du bétail sur les terrains appartenant à la commune. (Cass 16 mai 1868 — Cons. d'Et. 27 mai 1868.)

436. — Il fixe la taxe à percevoir. (Cons. d'Et. 7 nov. 1873. — Dall. 74, 3, 77 (Sol. Impl.)

Et dans ce cas les décisions par lesquelles le préfet et le maire refusent d'annuler la délibération sur la réclamation d'une partie intéressée, ne font point obstacle à ce que le tiers qui se croit lésé fasse valoir ses droits devant l'autorité compétente. (Cons. d'Et. 27 juin 1867.— Dall. 68, 3, 99.)

Mais si le conseil a le droit d'établir une taxe de pâturage, il ne peut l'élever pour ceux qui auraient mené leurs bestiaux au pâturage sans déclaration préalable. Ce serait là une amende que le conseil ne peut infliger. (Cons. d'Et. 28 juin 1869.)

437. — On sait que pour les questions de jouissance de vaine pâture, le conseil a une autorité absolue ; mais s'il s'agissait de pâturage dans un bois soumis au régime forestier, sa délibération devrait être approuvée par le préfet, et celui-ci pourrait modifier le chiffre des taxes votées.

En cas d'opposition de la part du conseil au projet de soumettre un bois communal au régime forestier, un décret serait nécessaire. (Cons. d'Et. 18 avril 1861.)

438. — DÉLIBÉRATION RÉGLANT LE MODE DE RÉPARTITION ET DE JOUISSANCE DES PATURAGES.

L'an mil huit cent. . . . . le. . . . .

M. le maire, ayant ouvert la séance, a exposé que le mode actuel de jouissance des pâturages communaux n'a été réglé par aucun titre, que chaque habitant conduit ses bestiaux, sans distinction ni séparation d'espèce, partout où bon lui semble, sur les terres vaines ou vagues de la commune ; qu'il en résulte fréquemment des contestations entre les habitants ;

Que, d'un autre côté, la commune ne retire aucun avantage de ses pâturages, bien que ses ressources ordinaires suffisent à peine au paiement de ses charges, et qu'il serait d'une bonne administration d'imposer des taxes annuelles sur les bestiaux admis aux pâturages communaux. M. le maire a proposé, en conséquence, au conseil, de régler le mode de jouissance et la répartition des pâturages, conformément au projet qu'il a fait dresser par M..., géomètre, et qui se trouve déposé sur le bureau.

Le conseil municipal,

Vu les articles 17 et 18 de la loi du 18 juillet 1837 ;

Vu le projet de répartition dressé par M. le maire,

A arrêté ce qui suit ;

Art. 1. Les pâturages de la commune sont répartis, entre les villages, hameaux ou sections de la commune, conformément au tableau ci-après :

DÉSIGNATION des VILLAGES hameaux ou sections	NOMBRE d'habitants	DÉSIGNATION DES PATURAGES affectés à chaque village, hameau ou section	Contenance	OBSERVATIONS.
A....				

Il est interdit aux habitants de conduire leurs bestiaux sur les pâturages communs autres que ceux qui leur sont ci-dessus assignés.

2. A partir de 18.., il sera payé par les habitants qui enverront leurs bestiaux aux pâturages communs une redevance annuelle au profit de la commune, *savoir* :

Pour chaque tête de gros bétail (bœufs, vaches, génisses, chevaux, mulets, etc.)

Pour chaque tête de menu bétail (moutons, chèvres, porcs....)

3. Le rôle des taxes sera dressé pour chaque année dans le mois de...., par le conseil municipal, d'après les déclarations des habitants.

Les taxes seront exigibles en totalité aussitôt que le rôle aura été rendu exécutoire par M. le sous-préfet.

Fait et délibéré à....

(Signatures.)

439. — Il appartient au conseil municipal de substituer pour un bien appartenant à une section de commune, l'amodiation à la jouissance en nature, mais il doit réserver sur ce produit les droits de jouissance exclusive appartenant à la section, et il ne peut les affecter aux besoins généraux de la commune qu'à la condition de décharger jusqu'à due concurrence les habitants de la section des contributions établies pour faire face à ces besoins. (Cons. d'Et. 21 nov. 1873. — Dall. 74, 3, 74.)

440. — Les biens indivis entre plusieurs communes sont administrés par des commissions syndicales nommées par les conseils municipaux de ces communes, au scrutin secret.

S'il y a lieu de procéder à un partage de ces biens indivis, c'est le conseil municipal qui en règle les conditions et il ne fait pas là un acte administratif, mais un acte de propriétaire dont l'interprétation dès lors appartient aux tribunaux civils et non à l'autorité administrative. (Cass. 22 mars 1868. — Dall. 69, 1, 374.)

441. — Le partage des communaux entre les habitants eux-mêmes ne peut être fait gratuitement, il doit nécessairement être subordonné au paiement d'un prix que le conseil municipal détermine. C'est alors une véritable vente entre les habitants de la commune.

442. — DÉLIBÉRATION RELATIVE A UN PARTAGE DE BIENS COMMUNAUX

L'an...., le....

M. le maire a exposé au conseil qu'il était réuni à à l'effet de délibérer sur le projet de partage, entre les habitants, de divers terrains appartenant à la commune et il a déposé sur le bureau :

1° Un procès-verbal d'arpentage et d'estimation des terrains à partager ;

2° Un tableau des lots avec les prix ou redevances à payer ;

3° L'état des habitants qui ont droit au partage ;

4° Le procès-verbal d'enquête de *commodo et incommodo* ;

5° Le plan géométrique des terrains.

Le conseil, après avoir examiné avec soin toutes les pièces, et s'être reporté aux lois et ordonnances qui régissent la matière ;

Considérant que le partage de biens communaux a pour avantage de rendre à l'agriculture des terrains improductifs et journellement sujets aux envahissements des propriétaires riverains ;

Que ce partage doit être fait par feux, ainsi qu'il a été décidé par un avis du conseil d'Etat, en date du 28 juillet 1807 ;

Considérant que ce changement de mode de jouissance est le vœu de tous les habitants ;

Considérant que toutes les formalités prescrites pour arriver au partage dont il s'agit ont été remplies ; que les habitants qui ont droit à ce partage se sont obligés à payer la redevance fixée par le procès-verbal d'expertise ;

Délibère :

Il y a lieu d'autoriser la commune à procéder au partage entre ses habitants des terrains communaux compris au procès-verbal d'arpentage et d'estimation dressé le..... par M.. .

Le tableau des lots, avec les prix ou redevances à payer, dressé le.... par M. le maire, est approuvé.

Fait et délibéré à....

(Signatures).

443. — C'est encore au conseil municipal qu'il appartient de décider qu'une propriété entrera dans les biens patrimoniaux de la commune. Il en fixe le mode d'exploitation, bail à ferme, régie simple ou exploitation par un préposé de la commune, régie intéressée, ou administration par un préposé qui a une part dans les bénéfices.

444. — Le conseil délibère de même pour le renouvellement des baux, mais aux termes de la loi de 1867, si leur durée excède 18 années, l'approbation préfectorale est nécessaire.

Les baux des biens communaux sont annoncés par des publications faites de dimanche en dimanche pendant un mois, à la porte des églises paroissiales de la situation des biens, et des églises paroissiales du voisinage, et par des affiches apposées de quinzaine en quinzaine dans les lieux destinés à cet objet par l'autorité municipale. (Ord. 7 oct. 1818.)

Il est procédé à l'adjudication aux enchères publiques par le maire, assisté de deux membres du conseil municipal, désignés d'avance par le conseil, ou, à défaut, appelés dans l'ordre du tableau. Le receveur municipal est appelé dans toutes les adjudications. Toutes les difficultés qui peuvent s'élever sur les opérations préparatoires de l'adjudication sont résolues séance tenante par le maire et les deux conseillers assistants, à la majorité des voix et sauf le recours de droit. (L. 18 juillet 1837, art. 16.)

Cependant le bail pourrait être fait à l'amiable dans des circonstances spéciales. (Déc. min. 1856.)

Dans la pratique on décide qu'il doit toujours être passé par devant notaire.

En tous cas pour les baux qui n'excèdent pas dix-huit ans, la production de procès-verbaux d'enquête et d'expertise, dont on comprend mieux la nécessité pour des amodiations à long terme, n'est exigée par aucun texte de loi ou de règlement, et sauf des circonstances particulières dont le préfet est toujours juge, il suffit d'accomplir les formalités de publication prescrites par l'ordonnance du 18 décembre 1838 et indiquées plus haut. (Ibid.)

115. — DÉLIBÉRATION POUR LE BAIL A FERME D'UN TERRAIN COMMUNAL.

L'an mil huit cent...., le....

M. le maire a exposé au....., que la commune a en propriété un terrain en nature d..., sis à..... de la contenance d...., lequel n'a été jusqu'à ce jour d'aucune utilité pour les habitants; que ce terrain pourrait être amodié, et rapporter annuellement une somme de...., qui viendrait en augmentation des revenus ordinaires de la commune; et il a invité le conseil à délibérer sur l'utilité de cette location :

Le conseil municipal,

Vu l'article 17 de la loi du 18 juillet 1837;

Considérant que la location proposée par M. le maire est de nature à augmenter le revenu ordinaire de la commune ;

A réglé ainsi qu'il suit les conditions de cette location:

Art. 1er. Le bail du terrain communal situé à..., de la contenance de... ares, sera mis en adjudication publique, à l'expiration du délai fixé par l'article 18 de la loi du 18 juillet 1837, et après affiches et publications dans les formes prescrites.

2. L'adjudication sera donnée à la chaleur des enchères et à l'extinction de trois feux francs, par devant M. le maire, assisté de MM..., membres du conseil municipal, délégués à cet effet, et en présence du receveur municipal, en conformité de l'article 16 de ladite loi.

3. Ledit bail sera passé pour...., années consécutives, qui commenceront le.... et finiront le....

4. L'adjudicataire devra tenir constamment, pendant la durée du bail, les terres en bon état de culture, veiller à ce qu'il ne soit fait aucune usurpation ou empiétement sur le terrain loué, et avertir sur-le-champ M. le maire de tous ceux qui pourraient y être faits.

5. Il paiera comptant les frais et droits dudit bail et de l'expédition à en délivrer au receveur municipal.

6. Il paiera, par chaque année du bail et sans diminution du prix principal de l'adjudication, entre les mains du percepteur, les contributions foncières et toutes charges publiques et annuelles qui pourraient être mises sur ledit terrain pendant le cours du bail, et devra en rapporter annuellement à M. le maire bonne et valable quittance.

7. Il versera le prix du bail à la caisse communale, annuellement et d'avance, en un seul terme, le...., pendant les.... années de la durée du bail.

8. Il ne pourra céder son droit audit bail, en tout ou en partie, à qui que ce soit, sans le consentement de M. le maire, accordé dans les formes voulues.

9. Le preneur sera tenu de fournir, au moment même de l'adjudication, bonne et solvable caution, agréée par le maire et par le receveur municipal, et fournir, s'il en est requis, dans les formes ordinaires et par acte authentique à ses frais, un cautionnement en immeubles libres de priviléges et hypothèques et d'une valeur suffisante pour répondre du prix du bail.

10. Le cahier des charges de l'adjudication sera rédigé par M. le maire conformément aux présentes dispositions.

Expédition de la présente délibération sera immédiatement transmise, à la diligence de M. le maire, à M. le sous-préfet, en exécution de l'article 18 de la loi du 18 juillet 1837.

Fait et délibéré à....

(Signatures).

116. — DÉLIBÉRATION POUR UN BAIL A LOYER.

L'an mil huit cent...., le....

M. le maire a exposé qu'il existe en cette commune *tel* bâtiment appartenant à la commune, et ayant servi jusqu'à ce jour à (*dire l'usage*), mais que ce bâtiment n'ayant plus actuellement de destination, il convient, dans l'intérêt de la commune, de le louer, et d'en passer l'adjudication publique aux enchères. Il a rappelé, en outre, au conseil que, conformément à l'article 17 de la loi du 18 juillet 1867, il lui appartient de régler les conditions des baux à loyer dont la durée n'excède pas dix-huit ans, et l'a invité à procéder de suite à ce règlement.

Le conseil municipal, adoptant la proposition de M. le maire, a délibéré ce qui suit :

Art. 1er. Le bâtiment communal, situé rue...., n°......, appelé le ...., sera loué par adjudication publique, par M. le maire, en présence de MM.... (*deux membres du conseil*), délégués à cet effet, après affiches et publications dans les formes prescrites.

Art. 2. Le bail sera passé pour..... années consécutives qui commenceront le... et finiront le...

Art. 3.... (*v. cahier des charges réglé par le conseil municipal.*)

Art.... et dernier. Les conditions ci-dessus seront insérées au cahier des charges de l'adjudication, lequel sera dressé par M. le maire, à l'expiration du délai fixé par l'article 18 de la loi du 18 juillet 1837.

Fait et délibéré à...

(Signatures.)

Les baux passés par le maire ne deviennent exécutoires qu'après l'approbation du préfet, et cette approbation peut être refusée si les baux ne reproduisent pas exactement le sens des dispositions adoptées par le conseil municipal. (Circ. min. 3 août 1867. — Dall. 67, 3, 73,)

117. — Pour les questions d'administration, le conseil a une autorité absolue ; mais s'il s'agissait de bois soumis au régime forestier le conseil ne pourrait voter des fonds pour le traitement d'un garde forestier que si les ressources spécialement affectées au paiement des frais de garde par l'art. 109 C. For. étaient insuffisantes. (Cons. d'Et. 11 juin 1870.)

118. — *Assainissement.* — Si la commune possède des marais susceptibles d'assainissement, le conseil municipal est invité par le préfet à délibérer sur les conditions de la mise en valeur.

119. — DÉLIBÉRATION TENDANT AU DESSÉCHEMENT D'UN ÉTANG NUISIBLE.

L'an le. . . . . .

M. le maire a exposé que le but de la réunion était l'examen d'une question relative à l'étang de. . . . . et

14.

tendant à la destruction de cet étang, dont les émanations nuisibles peuvent, au rapport de M. . , docteur en médecine, résidant dans ladite commune, occasionner des épidémies ou épizooties, (*ou bien*) dont les eaux sont sujettes à inonder ou à envahir les fonds inférieurs.

Le conseil municipal, après avoir délibéré, est d'avis qu'une demande sera adressée à M. le préfet pour le prier de vouloir bien ordonner le desséchement de l'étang de. . . . . situé sur le domaine du sieur. . . .

(*Signatures.*)

450. — Suivant les cas le conseil délibère aussi :

1° Sur la partie des biens à laisser à l'état de jouissance commune; 2° sur le mode de mise en valeur du surplus; 3° sur la question de savoir si la commune entend pourvoir par elle-même à cette mise en valeur.

S'il s'agit de biens appartenant à une section de commune, une commission syndicale est chargée de représenter ladite section.

La délibération du conseil municipal doit être prise dans le mois de la notification de l'arrêté du préfet. Dans le cas où les terrains appartiennent à une section de commune, la commission syndicale donne son avis préalable dans le délai d'un mois, sinon il est passé outre par le conseil municipal.

Faute par le conseil municipal d'avoir délibéré dans le délai d'un mois, il est réputé avoir refusé de se charger de l'exécution des travaux d'amélioration. Si les terrains appartiennent à plusieurs communes et que leur mise en valeur exige des travaux d'ensemble, lorsque tous les conseils municipaux déclarent se charger de l'opération, il est créé une commission syndicale à l'effet d'en poursuivre l'exécution. (Décret du 6 fév. 1861.)

En cas de refus ou d'abstention par le conseil municipal, comme en cas d'inexécution de la délibération par lui prise, un décret, rendu en conseil d'État, après avis du conseil général, déclare l'utilité des travaux, et en règle l'exécution.

Lorsque le conseil municipal déclare qu'il entend pourvoir à la mise en valeur des parties de marais et terres incultes qui doivent être distraites de la jouissance commune, il fait connaître les mesures qu'il compte prendre à cet effet, et il est tenu de justifier des voies et moyens d'exécution.

Gardien des droits de la commune, le conseil municipal a aussi le devoir d'empêcher les particuliers d'acquérir par prescription des biens autrefois partagés; il aura donc à faire les diligences nécessaires pour que la commune rentre en possession de ses propriétés.

451. — Le gazonnement des montagnes et le reboisement, comme l'assainissement, sont votés par le conseil, avec adjonction des plus imposés.

452. — *Cimetières.* — Le conseil règle le tarif des opérations et fournitures relatives au transport des corps à l'extérieur; il fixe, après avis de la fabrique, le mode de transport. (Décis. min. 18 mars 1866.)

Quant au service intérieur, il est proposé par les fabriques et soumis au conseil municipal.

Mais les tarifs ne deviennent exécutoires qu'après l'approbation préfectorale. (Cons. d'Et. 10 avril. 1867.)

453. — Le conseil règle également le tarif des concessions ; mais il est tenu de se conformer au décret du 23 prairial an XII.

Quant au produit de ces concessions, comment doit-il être réparti ? Deux systèmes sont en présence :

D'après la jurisprudence, le tiers du produit des concessions destiné aux pauvres ou aux établissements de bienfaisance peut être attribué exclusivement, soit au bureau de bienfaisance, soit à l'hospice, ou réparti entre ces deux établissements par proportions égales ou inégales. Le droit de fixer cette attribution appartient, sauf l'approbation du préfet, au conseil municipal qui est chargé de proposer les tarifs de concession. (Décis. min. 7 août 1865.)

Mais une décision du 28 oct. 1875 a attribué ce droit de répartition aux préfets seuls.

Nous préférons la décision de 1865. Le droit de faire l'attribution, soit à l'hospice soit aux bureaux de bienfaisance, est une conséquence nécessaire du droit de proposer les tarifs de concession. De plus, l'intervention du conseil municipal ne porte aucune atteinte aux droits de l'autorité préfectorale, puisque le préfet a le droit d'approbation.

154. — *Dons et legs.* — Le conseil municipal accepte ou refuse les dons et legs faits à la commune sans charges, conditions, ni affectations immobilières, lorsque ces dons et legs ne donnent pas lieu à réclamations ou ne comportent pas la réserve d'usufruit. (L. 1867, art. 1er. V. aussi Cons. d'Et. 17 avril 1874. — Dall. 75, 3. 29. — Cons. d'Et. 29 jan-

vier 1875. — Dall. 75, 3, 99. — V. Circ. min. 5 déc.
1863).

Le droit du conseil cesse lorsque les dons et
legs faits à la commune sont connexes à des li-
béralités faites à des établissements publics; en
pareil cas, un décret est nécessaire. (Avis. Cons.
d'Et. 10 mars 1868. — Dall. 68, 3, 93.)

A moins que les dons et legs n'aient été faits à la
commune par des dispositions collectives. (Ibid.)

455. — DÉLIBÉRATION RELATIVE A UN LEGS FAIT A LA COMMUNE.

L'an . . . le . . .

M. le maire a fait connaître au conseil municipal que,
par testament en date du. . . , le sieur . . , décédé
à . . , le . . , a légué à la commune la somme de. . .
(*ou tel immeuble*) et que le conseil était, en conséquence, invité à prendre connaissance des dispositions
de ce testament, et à donner son avis sur les avantages
qu'il y aurait pour la commune à accepter cette libéralité.

Le conseil, après en avoir délibéré; considérant que ce
legs est purement gratuit et, par conséquent, complète-
ment avantageux à la commune, accepte ledit legs.

Ou bien : Considérant que les avantages résultant du
legs seraient plus que compensés par les charges qui
incomberaient à la commune, n'est pas d'avis de l'acceptation.

Fait et délibéré à . . . .

(Signatures.)

456. — *Emprunts*. — Le conseil municipal vote
et règle avec le concours des plus imposés (V.
infra), et sauf dans les communes qui ont plus de
100,000 fr. de revenus, les emprunts communaux
remboursables en cinq ans sur le produit des cinq

centimes ordinaires, ou, en douze ans, sur les centimes ordinaires. (V. budget.)

457. — *Halles, foires et marchés.* — Il règle le tarif des droits de place à percevoir.

458. — *Logements insalubres.* — Le conseil peut nommer une commission chargée de rechercher et d'indiquer les mesures d'assainissement des logements insalubres; et il détermine ensuite sur le vu de ses rapports les travaux d'assainissement à exécuter ainsi que les habitations et dépendances jugées insalubres (L. L. 13 avril 1850, 25 mai 1864). Les dépendances comprennent les rues, ruelles, passages, allées. (Avis. Cons. d'Et. 9 juin 1870). Il a encore le pouvoir de prévenir par des précautions nécessaires, et de faire cesser, par des secours, les épidémies et autres fléaux calamiteux, survenus dans la commune.

459. — *Octroi.* — Il règle encore : 1° La suppression ou la diminution des taxes d'octroi;

2° La prorogation des taxes principales d'octroi pour cinq ans au plus;

3° L'augmentation des taxes jusqu'à concurrence d'un décime pour cinq ans au plus;

Sous la condition toutefois qu'aucune des taxes maintenues ou modifiées n'excédera le maximum déterminé dans le tarif général établi, après avis des conseils généraux, par un règlement d'administration publique, ou qu'aucune desdites taxes ne portera sur des objets non compris dans ce tarif. (Décr. 12 févr. 1870.)

Si le conseil maintient une taxe d'octroi existante et vote seulement la prorogation, le conseil général ne pourrait voter une taxe supérieure.

460. — *Prestations.* — Il détermine pour l'entretien des chemins vicinaux, en cas d'insuffisance des ressources ordinaires, des prestations en nature dont le maximum est fixé à trois journées de travail. (L. 21 mai 1836.)

461. —*Stationnement.* — Il fixe les droits à percevoir pour permis de location sur les rues et places dépendant du domaine public communal.

Il peut même établir un droit sur les jours grillés ou vitrés placés sur les trottoirs d'une voie publique communale et servant à éclairer les caves et sous-sols des maisons. (Cass. 25 juil. 1876. — Dall. 77, 1, 445.)

Mais il ne peut imposer une taxe à des voitures qui s'arrêtent sur la voie publique à certains points et à certaines heures, sans y stationner. (Paris, 3 juil. 1874.)

Ni taxer les marchands ambulants de denrées alimentaires qui circulent dans les rues. (Déc. min. 1866.)

462. — *Travaux de grosses réparations et d'entretien.* —Le conseil municipal règle les projets, plans et devis de grosses réparations et d'entretien, lorsque la dépense ne dépasse pas le cinquième des revenus ordinaires de la commune, ni en aucun cas, la somme de 50,000 fr. En votant ces travaux il doit pourvoir à la dépense. (Circ. min. 12 août 1875.)

La réception des travaux est faite par le maire assisté de deux conseillers délégués par le conseil. (L. 22 juil. 1870.)

Tous ces travaux doivent être autorisés par le conseil municipal et l'on ne peut sortir des limites et des prix déterminés. Cependant il a été décidé que lorsque des travaux ont été faits en exécution d'une délibération, sous la direction de l'agent-voyer, sans devis, ni entreprise, la commune ne peut se prévaloir de ce que le crédit ouvert aurait été dépassé pour refuser aux ouvriers le paiement de leur travail. (Cons. d'Et. 9 avril 1873. — Dall. 74, 3, 3.)

Même décision en ce qui touche les dépenses urgentes pour la sécurité publique exécutées par le maire en vertu de ses pouvoirs de police; elles sont valables, alors même que les crédits votés auraient été dépassés, si les travaux ont profité à la commune. (Cass. 14 mars 1870. — Dall. 71, 1, 142.)

Et dans ce cas la commune ne peut obtenir des dommages intérêts contre le maire. (Dijon, 28 février 1873. — Dall. 75, 5, 85.)

463. — Le conseil municipal règle encore souverainement les allocations pour dépenses facultatives, lorsque le budget communal pourvoit à toutes les dépenses obligatoires, et qu'il n'applique aucune recette extraordinaire aux dépenses, soit obligatoires, soit facultatives (L. de 1867, art. 2), à condition toutefois que les communes fassent entrer dans les recettes ordinaires celles prévues par l'art. 31 de la loi de 1837: ainsi le produit des centimes spéciaux pour les chemins vicinaux et l'instruction primaire et ceux destinés aux traitements des gardes-champêtres, mais non les centimes spéciaux pour la gratuité de l'enseignement et les chemins vicinaux ordinaires. (Circ. min. 3 août 1837.)

464. — *Centimes.* — Il peut aussi voter, dans la limite du maximum fixé chaque année par le conseil général, des contributions extraordinaires n'excédant pas cinq centimes pendant cinq ans pour en affecter le produit à des dépenses extraordinaires d'utilité communale. (L. 1867, art. 2.)

Ces centimes ont un caractère absolument facultatif, et si le conseil les refuse, le préfet ne pourrait les imposer.

Sur toutes les matières sus-énoncées les délibérations des conseils municipaux sont exécutoires par elles-mêmes, mais elles doivent être soumises à l'autorité supérieure, qui n'a que le droit de les annuler si elles sont contraires aux lois et règlements. (L. 1837, art. 18.)

MATIÈRES DIVERSES

465. — *Denrées.* — Le conseil municipal a le droit d'inspecter la fidélité du débit des denrées qui se vendent au poids et à la mesure et la salubrité des comestibles vendus publiquement.

466. — *Commissions syndicales.* — Nous avons vu que le conseil était appelé à élire les membres des commissions syndicales qui doivent administrer les biens indivis entre plusieurs communes.

L'élection ainsi faite ne peut être attaquée devant le conseil de préfecture.

« Considérant, lisons-nous dans un arrêt du Conseil d'État, que les élections par lesquelles les conseils municipaux procèdent, en vertu de l'art. 70 de la loi du 18 juil. 1837, à la nomination des délégués pour la formation d'une commission syndicale chargée de l'administration des biens possédés par indivis par plusieurs communes, ne peuvent être assimilées aux élections que les citoyens sont appelés à faire pour la nomination des conseils municipaux, et qu'au cas où il s'élève des contestations à l'occasion de la nomination de ces délégués, aucune disposition législative n'attribue aux conseils de préfecture la connaissance de ces contestations. » (Cons. d'Et. 7 août 1875. — Dall. 76, 3, 23 — Cons. d'Et. 3 juillet 1866. — Dall. 67, 3, 84.)

467. — *Indigents.* — Le conseil municipal peut, sur les fonds disponibles, employer une somme au transport et à l'entretien des indigents appartenant à la commune dans un hospice ou un asile.

468.—DÉLIBÉRATION POUR L'ADMISSION D'UN MALADE INDIGENT DANS UN DES HOSPICES DÉPARTEMENTAUX.

L'an......, le.....

M. le Maire a invité le conseil à délibérer sur la demande formée par M..., indigent, domicilié en cette commune, atteint de   (*genre de maladie*), à l'effet d'obtenir son admission dans l'hospice de   , et à la charge par la commune d'acquitter le prix de journée fixé par M. le préfet, d'accord avec la commission administrative dudit hospice.

Le conseil,

Vu les articles 3 et 4 de la loi du 7 août 1851 concernant l'admission dans les hospices et hôpitaux du département, des malades et incurables indigents des communes privées d'établissements hospitaliers;

Vu l'état de la situation financière de la commune;

Considérant que le nommé M... est sans ressources et abandonné à la charité publique, que l'administration municipale se fait un devoir de l'assister;

A délibéré ce qui suit :

1° Les frais de transport et de séjour du nommé   à l'hospice de   seront supportés par la commune jusqu'à concurrence de   , somme dont elle peut disposer pour la présente année.

2° M. le préfet est prié de vouloir bien allouer une subvention, pour complément de la dépense, sur le crédit voté à cet effet par le conseil général.

Fait à

(Signatures.)

469. — Le conseil municipal n'a pas le droit de désigner des indigents à la charité administrative, c'est-à-dire de former des listes d'indigents. C'est ce qui résulte d'une circulaire ministérielle du 25 juin 1873, dans laquelle on lit :

« Les assemblées municipales peuvent accorder ou refuser les subventions demandées par les hospices et bureaux de bienfaisance, puisque l'assistance ne constitue pas une dépense obligatoire. Mais il ne s'ensuit nullement que les conseils municipaux aient le droit de se substituer aux commissions charitables.

« La distribution des secours publics ne rentre pas dans les attributions de ces conseils ; l'art. 4 de la loi du 7 frimaire an V en a formellement investi les bureaux de bienfaisance. »

470. — Mais le conseil municipal désigne les habitants qui, à cause de leur état d'indigence, doivent être exemptés de tout ou partie de la contribution personnelle et mobilière. (Cons. d'Et. 10 déc. 1870. — Dall. 73, 3, 51.)

Ainsi il peut exempter les religieuses de l'ouvroir communal. (Cons. d'Et. 9 juin 1869. — Dall. 71, 3, 30.)

Et il n'y a pas de recours au conseil de préfecture contre la délibération du conseil qui maintient des contribuables sur la cote. (Cons. d'Et. 14 janvier 1872.)

Par contre, lorsque des habitants jouissant de leurs droits ont été omis sur le rôle par les répartiteurs, sans que le conseil ait été appelé à délibérer sur leur situation, tout contribuable peut demander décharge de la surtaxe résultant pour lui de la non inscription au rôle de ces habitants. (Cons. d'Et. déc. 1870. — Dall. 73, 3, 51.)

471. — *Pompiers.* — Le conseil municipal ne peut exempter les sapeurs-pompiers de la contribution personnelle et mobilière. (Cons d'Et. 9 juin 1869. — Dall. 71, 3, 30.)

Il ne pourrait davantage enlever la garde et la conservation des pompes à l'officier des pompiers. (Cons. d'Et. 9 févr. 1870. — Dall. 70, 3, 57.)

472. — Le conseil municipal peut encore établir la médecine gratuite dans la commune. (Arr. min. 15 déc. 1868.)

Voter des fonds pour les bibliothèques scolaires, et le renouvellement des matrices cadastrales. (Avis. Cons. d'Et. 15 déc. 1866.) Observons ici que l'Etat accorde des secours pour les bibliothèques scolaires. (Circ. min. 10 juin 1865.)

473. — Dans les communes de moins de 500 habitants, il peut voter le traitement d'une institutrice de filles. (Circ. min. 12 déc. 1875.)

Il peut voter un mobilier pour l'instituteur, et dans ce cas la moitié de la dépense totale qui est de 600 fr., est remboursée par l'Etat. (Déc. min. 4 sept. 1863.)

La composition de ce mobilier est obligatoire;
elle est fixée comme il suit : Deux lits, deux tables
de nuit, huit chaises, deux tables rondes, une com-
mode, une armoire, deux toiles à paillasse, quatre
matelas, deux traversins, deux oreillers, deux
couvertures de laine, deux de coton, une table de
cuisine, quatre chaises de bois blanc, une marmite
en fonte, trois casseroles et un seau. (Circ. min. 26
sept. 1863.)

Pour des appareils de gymnastique l'Etat donne-
rait également un secours. (Décr. 3 févr. 1869.)

Avant de clore ce chapitre, il importe de remarquer que c'est seulement dans le cas prévu par
l'article 17 de la loi de 1867, que le préfet peut refuser la force exécutoire aux délibérations prises
par les conseils municipaux contre l'avis du maire
et sur les matières dont le règlement leur appartient. Hors ce cas, le préfet ne peut intervenir.
(Circ. min. 3 août 1867.— Dall. 67, 8, 73.)

Il a seulement le droit d'annulation dans les
conditions déterminées par la loi.

CHAPITRE X

ATTRIBUTIONS DÉLIBÉRATIVES

Sommaire alphabétique

---

474. — Le conseil municipal délibère :

1° Sur le budget de la commune et sur toutes les recettes et dépenses, soit ordinaires, soit extraordinaires. Dans certains cas qui seront spécifiés au chapitre du budget, il a un pouvoir délibératif propre ;

2° Les acquisitions d'immeubles, lorsque la dépense totalisée avec celles des autres acquisitions votées dans le même exercice dépasse le dixième des revenus de la commune ;

3° Les aliénations et échanges de propriétés communales, leur affectation à un service communal, lorsqu'elles sont déjà affectées à un service public ;

4° La délimitation ou le partage des biens indivis entre deux ou plusieurs communes ou sections de commune ;

5° Les conditions des baux à ferme ou à loyer excédant dix-huit ans, ainsi que celles des baux des biens pris à loyer par la commune, quelle qu'en soit la durée ;

6° Les projets des travaux à entreprendre, ceux

de grosse réparation ou d'entretien, lorsque la dépense de tous les travaux de même nature, votés dans l'année, dépasse le cinquième des revenus communaux ou la somme de 50,000 fr.

7° L'ouverture des rues et places publiques et les projets d'alignement de voirie municipale ; (Cons. d'Ét. 5 décembre 1873.)

8° Le parcours et la vaine pâture ;

9° L'acceptation de dons et legs faits à la commune avec des charges ou conditions, ou lorsqu'il y a réclamation ;

10° Les actions judiciaires ou les transactions.

Pour toutes ces matières qu'il importe d'examiner en détail, les conseils municipaux n'ont qu'un pouvoir de délibération.

C'est à l'autorité supérieure qu'il appartient de rendre, en la ratifiant, leur délibération exécutoire.

Nous reprenons l'examen des matières sur lesquelles le conseil doit délibérer.

175. — *Abattoirs.* — Le conseil délibère sur l'établissement d'un abattoir dans la commune.

176. — DÉLIBÉRATION RELATIVE A L'ÉTABLISSEMENT D'UN ABATTOIR.

L'an le...

M. le maire a exposé qu'il résulte de grands inconvénients des abattoirs que les bouchers et charcutiers ont dans leurs habitations ; que les tueries sont mises au nombre des ateliers insalubres et incommodes par les lois, et notamment par les décrets et ordonnances des 15 octobre 1810, 14 janvier 1815, 25 juin, 2 avril 1823, 20 août 1824, 20 juillet 1828 et 15 avril 1838 ; et que ces tueries ne peuvent être établies dans les villes sans autorisation ;

Que l'établissement d'un abattoir public hors de la ville *ou* dans *tel* quartier, lieu éloigné de la ville, obvierait à ces inconvénients ;

Que d'ailleurs les produits compenseraient et au delà les frais de premier établissement et les dépenses à faire pour son entretien ;

Vu les décrets et ordonnances précités ;

Vu la circulaire ministérielle du 25 juin 1838 ;

Vu la loi du 18 juillet 1837, art. 19 ;

Le conseil municipal, après avoir délibéré sur l'exposé ci-dessus,

Considérant : 1° que la population de la commune est de... âmes, que les bouchers et charcutiers y sont au nombre de.... qu'il y existe (*nombre*) tueries ou échaudoirs particuliers, que les bestiaux de toute espèce qui y sont abattus annuellement sont au nombre de... savoir (*désigner le nombre des bestiaux de chaque espèce*);

2° Qu'il y a en effet des inconvénients à laisser subsister des tueries particulières dans l'intérieur de la ville;

Est d'avis,

1° Que tous les abattoirs particuliers existant dans la ville soient supprimés ; 2° qu'un seul abattoir public soit construit dans le quartier d..., 3° que les dépenses à faire pour son établissement soient avancées par la ville ; 4° qu'il soit établi un tarif pour la rétribution que les bouchers et les charcutiers devront payer pour l'usage de l'abattoir; 5° que M. le maire soit autorisé à faire dresser les plans et devis des travaux de cette construction, et à faire près de l'administration supérieure toutes les démarches nécessaires, afin d'obtenir l'autorisation d'établir ledit abattoir, et d'acquérir, aux meilleures clauses et conditions qu'il sera possible, le terrain qui devra servir à son emplacement.

Fait et délibéré à ..

477. — *Acquisitions d'immeubles.* — Le conseil délibère seulement sur l'acquisition si la dépense d'acquisition totalisée avec celles déjà votées pour le même objet, dépasse le dixième des revenus de la commune.

Et dans ce cas, lorsque l'acte d'acquisition a été passé par le maire et que le préfet a approuvé, l'arrêté d'approbation ne peut être attaqué pour excès de pouvoir. (Cons. d'Et. 26 mai 1866. — Dall, 67, 3, 79. — V. aussi Circ. 3 août 1867. — Dall. 67, 3, 73.)

478. — *Actions judiciaires.* — Le conseil municipal délibère sur les actions à intenter au nom de la commune et sur les défenses à opposer. Il décide s'il y a lieu de demander l'autorisation de plaider.

La délibération à cet effet ne peut être annulée par le préfet, c'est au conseil de préfecture qu'il appartient de l'apprécier. Sa décision doit être motivée et rendue dans les deux mois. (Cons. d'Et. 23 juil. 1875. — Dall. 76, 3, 28.)

En cas de refus, la commune peut se pourvoir devant le conseil d'Etat.

Il suffit d'ailleurs que l'autorisation de plaider soit accordée par le conseil de préfecture avant le jugement du litige. (Cons. d'Et. 10 février 1865. — Dall. 67, 3, 37.)

Dans certains cas même elle n'est pas nécessaire; ainsi le maire peut avec l'approbation du conseil ester en justice s'il s'agit d'une demande en référé. (Paris. 27 juin 1868. — Dall. 68, 2. 178. — Dijon 10 août 1869. — Dall. 69, 2, 190. — Cass. 10 avril 1872. — Dall. 72, 1. 12.)

Ou en matière possessoire. (Cass. 20 avril 1871.)

Même en appel. (Cons. d'Et. 30 nov. 1868. — Dall. 71, 2, 170).

Ou pour une instance administrative. (Cons. d'Et. 19 janvier 1844.)

Et si le conseil municipal a déclaré la commune propriétaire d'un terrain, le maire n'a pas besoin d'autorisation spéciale pour défendre au pétitoire, après avoir triomphé au possessoire. (Cass. 23 mars 1868. — Dall. 68, 1, 192.)

Le conseil municipal, quand il estime qu'il y a lieu de plaider, peut désigner un ou plusieurs de ses membres pour suivre un procès conjointement avec le maire, et la partie adverse qui a accepté le débat ne pourrait arguer la procédure de nullité. (Cass. 21 déc. 1874. — Dall, 76, 1, 431.)

Ainsi, un conseiller municipal délégué, à défaut du maire et de l'adjoint, représenterait valablement la commune dans un procès. (Cass. 9 novembre, 1868. — Dall. 71 5, 74.)

Le préfet a le même droit de désignation, mais seulement si le conseil est d'avis de plaider. (Cass. 3 avril 1867.)

179. — Le conseil de préfecture accorde ou refuse l'autorisation de plaider et ne désigne pas le représentant judiciaire de la commune. Cependant il a été jugé que la fin de non recevoir tirée de ce que le conseil de préfecture, au lieu du préfet, a délégué un conseiller municipal pour suivre une instance, ne constituait pas un moyen d'ordre public et ne pouvait être soulevée pour la première fois en appel. (Cons. d'Et. 10 février 1865. — Dall. 67, 3, 37.)

480. — Quant aux habitants de la commune, inscrits aux rôles, ils peuvent plaider *ut singuli* au nom de la commune si le conseil n'a pas été d'avis d'engager l'action, mais ils doivent d'abord mettre la commune en demeure et appeler le maire en cause. (Cass. 24 juil. 1871. — Dall. 71, 1, 160. — Montpellier, 24 mars 1873. — Dall. 73, 2, 234.)

Et la délibération relative à cette demande, serait nulle si un membre du conseil municipal y avait pris part, quoique ayant un intérêt personnel au procès. (Cons. d'Et. 23 juillet 1875.)

Il faut observer que les particuliers ne peuvent exercer sans l'autorisation du conseil de préfecture les actions d'une commune que le conseil municipal aurait refusé ou négligé d'exercer. Ils ne peuvent non plus reprendre une instance dont la commune s'est désistée, ni intervenir dans les instances exercées au nom de la commune, s'ils ne justifient d'un intérêt distinct et personnel. (Cons. d'Et. Rec. Lebon. 4 mai 1877.)

181. — DÉLIBÉRATION POUR DEMANDER L'AUTORISATION DE PLAIDER.

L'an le.....

M. le maire a exposé que le sieur X..... cherche à envahir une place vague qui existe depuis un temps immémorial près la propriété du sieur...., que cette place n'a jamais fait partie de la propriété de ce dernier ; qu'elle existait avant 1789; que la commune en a toujours joui; qu'ainsi il y a lieu de faire cesser l'entreprise par lui faite sur cette place, en formant soit une demande en cessation de trouble, soit une demande à fin de maintenue de possession.

Le conseil municipal, après en avoir délibéré, considérant que l'exposé fait par M. le maire est exact ; que la commune a toujours possédé le terrain *ou* place vague dont il s'agit, et qu'elle en a toujours joui ; que le sieur... n'a aucun titre de propriété de cette place ; que la loi du 26 juillet-15 août 1790 déclare que nul ne peut prétendre aucun droit de propriété sur les chemins publics, rues et places des villages, bourgs ou villes ; que les lois postérieures ont attribué aux communes le droit de propriété desdites places vagues, et celui d'y planter des arbres ; que l'action de la commune contre le sieur... à fin d'être maintenue dans ses propriété et jouissance, est bien fondée ;

Est d'avis qu'il y a lieu d'autoriser M. le maire à former l'action dont il s'agit contre le sieur... devant tous tribunaux compétents, et à plaider jusqu'à jugement définitif, et même sur appel, s'il y a lieu.

Fait et délibéré à

(*Signatures.*)

182. — Il convient d'ajouter que le conseil municipal après tout jugement intervenu ne peut se pourvoir devant un autre degré de juridiction qu'en vertu d'une nouvelle autorisation. (L. 18 juil. 1837.) Il en est de même pour un pourvoi en cassation. (Cass. 25 mars 1844.)

Toutefois, si la commune a gagné son procès en première instance, elle n'a pas besoin, pour défendre en appel, d'une nouvelle autorisation. (Cass. 13 nov. 1864.)

Les mêmes règles sont applicables aux sections de communes qui plaident contre des particuliers. Si elles plaident entre elles ou contre une commune, les sections sont représentées par des com-

missions syndicales de trois ou cinq membres
formées par le préfet, et ces commissions délè-
guent un de leurs membres pour intenter l'action.
(L. 18 juil. 1837, art. 56.)

483. — Celui qui veut plaider contre une commune, doit préalablement déposer un mémoire sur
lequel le conseil municipal délibère, mais il a été
décidé que cette formalité n'était pas exigée à peine
de nullité, et que l'inobservation ne constituait
pas une fin de non-recevoir. (Lyon, 2 févr. 1871.—
Dall. 71, 2, 170.)

Le préfet pourrait-il annuler une délibération
autorisant le maire à intenter une action, ou à y
défendre ? La question a été posée et le Conseil
d'Etat s'est prononcé pour la compétence exclusive du conseil de préfecture, par les motifs suivants :

Vu la loi du 5 mai 1855, art. 21, 23, 24. — L. 18 juillet
1837, 19, 20, 49. — L. 24 juil. 1867. — L. 7-14 oct. 1790.
— L. 24 mai 1872 ;

Considérant qu'aux termes de l'art. 49 de la loi du 18
juillet 1837, c'est au conseil de préfecture qu'il appartient, sauf recours au conseil d'Etat, d'accorder ou de
refuser aux communes l'autorisation d'intenter ou de
soutenir des actions judiciaires, et, par suite, d'apprécier
tant en la forme qu'au fond, les demandes qui leur sont
soumises ; que, par sa délibération du 20 mai 1872, le
conseil municipal de L...., s'est borné à conférer au maire
de cette ville, les pouvoirs nécessaires à l'effet d'obtenir
du conseil de préfecture l'autorisation de poursuivre en
justice le recouvrement des sommes dues à la ville,
qu'aucune des dispositions des lois sus-visées ne donne
au préfet le droit d'annuler une délibération de cette nature. (Cons. d'Et. 23 juil. 1875 — Dall. 76, 3, 28.)

**484. — DÉLIBÉRATION SUR LA DEMANDE EN AUTORI-
SATION DE PLAIDER FORMÉE CONTRE LA COMMUNE
PAR UN PARTICULIER.**

L'an....., le .....

M. le maire a donné lecture au conseil d'un mémoire communiqué par M. le préfet, par lequel le sieur...., propriétaire à....., sollicite l'autorisation d'intenter une action contre la commune, à l'effet de.....

M. le président après avoir exposé à l'assemblée que ..... a invité le conseil à donner son avis sur cette réclamation.

Le conseil, considérant que.....

Est d'avis que l'autorisation demandée par le sieur..... lui soit refusée.

' (*Ou bien*) Est d'avis que la commune soit autorisée à défendre cette action.

Fait à.....

(*Signatures.*)

485. — *Aliénation d'immeubles.* — Le conseil municipal délibère sur la vente des propriétés communales, vente à laquelle il ne doit recourir qu'en cas de besoins urgents.

**486. — DÉLIBÉRATION RELATIVE A UNE ALIÉ-
NATION.**

L'an ....., le .....

M. le maire a exposé qu'il y aurait convenance à aliéner la propriété appartenant à la commune, située à....., pour le produit de la vente être employé à .....

Le conseil municipal, considérant que le terrain que M. le maire propose d'aliéner ne rapporte aucun revenu ou qu'un faible revenu à la commune ; que le produit de la vente qui en sera faite sera avantageusement employé, puisque la commune trouvera dans cette vente les moyens de ..... (*indiquer ici l'emploi du produit de la vente*) ;

Par ces motifs, est d'avis que M. le maire sollicite l'autorisation nécessaire pour procéder à la vente de ladite propriété.

Fait et délibéré à.....

(Signatures.)

487. — Il est ensuite procédé à une expertise faite par une personne désignée par le préfet ou le sous-préfet, puis à une enquête de *commodo* et *incommodo*.

Le conseil municipal délibère une seconde fois sur les résultats de l'enquête. (Circ. min. 5 mai 1852.)

488. — SECONDE DÉLIBÉRATION SUR L'EXPERTISE.

L'an ....., le .....

Le conseil municipal,

Vu sa délibération en date du ....., concernant l'aliénation de la propriété que la commune possède à .....

Vu le procès-verbal d'expertise et le plan dressés le ..... par M ....., désigné à cet effet par le sous-préfet suivant arrêté du ....., et desquels il résulte que l'immeuble à aliéner est d'une contenance de ....., et d'une valeur de ..... ;

Vu l'état de la situation financière de la commune et le relevé de ses dettes :

Considérant que l'immeuble dont il s'agit n'est pas utile à la commune, et que le produit de la vente est nécessaire pour (*indiquer l'emploi*) ;

Délibère :

Il y a lieu d'autoriser la commune à aliéner aux enchères publiques, sur la mise à prix de ..., chiffre égal à celui de l'estimation (*indiquer l'immeuble*), pour en affecter le produit au paiement de ...

Fait et délibéré à ...

(Signatures.)

489.— La vente a lieu en général par voie d'adjudication publique, à moins que le préfet n'autorise l'aliénation de gré à gré, ce qui est très-rare. (Déc. min. 1866.)

490. — Le cahier des charges est approuvé par le conseil. Pour que l'adjudication soit valable il est nécessaire de produire préalablement :

1° La délibération autorisant l'aliénation ;

2° Le procès-verbal d'enquête de *commodo* et *incommodo* ;

3° Le procès-verbal d'estimation ;

4° Le plan figuré et détaillé des lieux ;

5° Le cahier des charges de l'adjudication ;

6° La délibération du conseil municipal sur les résultats de l'enquête et de l'expertise.

Le maire ne peut se rendre adjudicataire d'un bien appartenant à la commune ; mais la même prohibition n'existe pas pour les conseillers municipaux dès lors qu'ils ne remplacent pas le maire par suite d'une délégation.

L'adjudication serait-elle nulle si l'aliénation n'avait pas été autorisée par le préfet? La question a été posée, et il a été décidé que la nullité était purement relative. Elle peut être invoquée par la commune, mais non par les particuliers qui ont traité avec elle. Il en est ainsi quel que soit le mode de vente. (Angers, 27 févr. 1867. — Dall. 67, 2, 66 — Limoges, 22 mars 1870).

Si l'adjudication avait été faite contrairement aux conditions posées par le conseil municipal, l'autorité judiciaire serait compétente pour en apprécier la validité. (Cons. d'Et. 9 janvier 1867 — Dall. 68, 3, 84.)

491. — Nous avons dit que le partage entre les habitants des biens communaux pouvait être considéré comme une vente, puisqu'il devait être fait à titre onéreux. Cette opération est votée par le conseil municipal après enquête et expertise. (Déc. min. 1868. — V. aussi Cons. d'Et. 4 mars 1865).

492. — *Baux des propriétés communales.* — Le conseil délibère s'il s'agit de baux excédant une durée de 18 ans.

En principe, il est bon que les baux ne dépassent pas trente années, dans l'intérêt même des communes. (Circ. min. 1866.)

493. — *Baux faits par les communes.* — Le conseil délibère sur les conditions de ces baux, quelle qu'en soit la durée. (Circ. min. 3 août 1867.)

494. — DÉLIBÉRATION RELATIVE AU BAIL D'UN BATIMENT NÉCESSAIRE A LA COMMUNE.

L'an......, le....., ... M. le maire a exposé que le bâtiment qui a servi jusqu'à ce jour de... étant à la veille d'être repris et occupé par le propriétaire qui l'avait loué à la commune, il est urgent que la commune, se pourvoie d'un autre local ; que le bâtiment appartenant à (*désigner le bâtiment*), actuellement vacant, étant à louer, et pouvant remplacer celui que la commune est obligée de quitter, il propose ce bâtiment, dont le loyer est de la somme de...

Le conseil municipal, vu l'exposé qui précède ;

Vu la promesse souscrite le....., par...., de donner en location à la commune pour une durée de...., moyennant le prix annuel de...., le..... (*désigner le bâtiment*) pour servir à.....

Vu le procès-verbal d'expertise dressé le.. , par...., désigné à cet effet par le préfet *ou* le sous-préfet ;

Vu le budget de la commune pour l'exercice 18...

Vu la loi du 18 juillet 1837, art. 19 et 47 ;

Considérant qu'il y a nécessité de louer un nouveau local pour servir de.... et que le bâtiment proposé convient à cette destination ;

Délibère : Il y a lieu d'autoriser M. le maire à passer acte du bail avec le sieur...., propriétaire, et à consentir audit acte le paiement annuel de la somme de..... pour prix de cette location, qui sera faite pour..... années.

Fait et délibéré à

(*Signatures*)

495. — *Biens communaux.* — Le conseil délibère sur toutes les mesures à prendre pour la conservation et l'amélioration des biens communaux.

Notamment en ce qui touche le mode de jouissance de certains de ces biens. (Cons. d'Et. 23 juil. 1857, 9 févr. 1860.)

496. — *Biens indivis entre des communes ou des sections.* — Le conseil délibère sur la demande de partage de ces biens, après examen des enquêtes et expertises prescrites ; il élit ensuite les membres des commissions syndicales.

497. — *Bois.* — Le conseil délibère 1° sur la délimitation des bois communaux. (Ord. 1er août 1827, art. 130 et 131.)

2° Sur les propositions de l'administration forestière concernant la conversion en bois et l'aménagement de terrains en pâturages. (C. For. 7, art. 90.)

3° Sur le rachat ou le cantonnement du droit d'usage dans ces bois. (Décr. 12 avril 1854, art. 6.)

Et après expertise il délibère sur les conditions de l'opération. (Ibid., art. 7.)

4° Sur le pâturage dans les bois communaux. (Ord. 1ᵉʳ août 1827.)

Il délibère enfin sur les délivrances de coupes, la vente des arbres, les coupes extraordinaires.

498. — DÉLIBÉRATION POUR LA VENTE D'UNE COUPE ORDINAIRE.

L'an.... le....

M. le maire a exposé que la coupe ordinaire des bois communaux, pour l'exercice 18...., comprise au plan d'aménagement sous le nᵒ....., triage et canton de..., serait d'une exploitation difficile et coûteuse pour les habitants, si elle était distribuée à titre d'affouage, et il a proposé au conseil de délibérer la vente de cette coupe dont le produit pourra être utilement affecté à l'acquit des dépenses tant ordinaires qu'extraordinaires de la commune.

Le conseil, par les motifs ci-dessus, adoptant la proposition de M. le maire, vote la mise en adjudication, dans les formes ordinaires, de la coupe ordinaire de l'exercice 18... pour que son produit soit affecté à l'acquit des dépenses de cet exercice.

Fait et délibéré à.....

(*Signatures*)

499. — DÉLIBÉRATION POUR UNE COUPE EXTRAORDINAIRE.

L'an ....., le .....

M. le maire a exposé que la construction d'une maison d'école, projetée dans la commune et dont le devis s'élève à la somme de .... nécessite la vente d'une portion du quart en réserve des bois communaux; que ce quart en réserve contient.... hectares de sol forestier peuplé de futaies de l'âge de..... ans et dont le produit peut être évalué à un minimum d.... francs par hectare; qu'il y a lieu, en conséquence, de demander la délimitation d'une coupe extraordinaire d.... hectares dudit quart en réserve, pour être mise en vente aux plus prochaines adjudications de coupes de bois dans l'arrondissement.

Le conseil municipal, considérant que la vente dont M. le maire a exposé les motifs est nécessaire, a voté la mise en adjudication d'une coupe d .... hectares de bois du quart en réserve, laquelle sera délimitée par l'administration forestière, à titre de coupe extraordinaire pour l'exercice 18.., dont le produit doit être affecté à la construction d'une maison d'école.

Expédition de la présente délibération sera, à la diligence de M. le maire, envoyée à M. le sous-préfet, qui est prié de prendre les dispositions nécessaires pour l'autorisation, la délimitation et la mise en adjudication de ladite coupe.

Fait et délibéré à

(Signatures.)

500. — Boissons. — Le conseil délibère sur les conditions de l'abonnement avec la régie dans le but de supprimer l'exercice dans la commune. (L. 28 avril 1816, art. 75.)

DÉLIBÉRATION RELATIVE A UN ABONNEMENT POUR LES

BOISSONS.

L'an.... le......

Le conseil après délibération sur la question de savoir s'il y a utilité à s'affranchir de la perception des droits de détail et de circulation sur les boissons, par exercices, est d'avis qu'il y a lieu à se rédimer suivant la faculté accordée aux communes par la loi du 28 avril 1816, et de demander l'abonnement général.

Fait et délibéré....

(Signatures.)

Dans les villes sujettes aux droits d'entrée, et dont la population supérieure à 4,000 âmes est inférieure à 10,000, le conseil municipal délibère sur la conversion de ces droits en une taxe unique, mais alors il doit s'adjoindre les marchands de boissons les plus imposés à la patente, en nombre égal à la moitié des conseillers présents. (L. 21 avril 1832.). Les femmes se font représenter par des fondés de pouvoirs. Dans les communes vignobles le conseil délibère encore sur les conditions d'un abonnement général destiné à remplacer l'inventaire des vins nouveaux, ou le droit sur les vendanges. (L. 21 avril 1832. art. 40.)

501. — *Budget.* — V. infra. chap. XII.

502. — *Caisse des écoles.* — Le conseil délibère sur la création et les conditions des caisses des écoles alimentées par des cotisations volontaires ou des subventions, et dont le but est de suppléer à l'insuffisance des ressources communales pour un grand nombre de dépenses utiles : encouragements et récompenses aux élèves des écoles, et secours aux indigents (L. 10 avril 1867.)

503. — *Casernement militaire.* — Il délibère sur le rachat des frais de casernement au moyen d'une taxe fixe d'abonnement. (Ord. 5 août 1818. — Circ. min. 7 sept. 1838.)

504. — *Chapelle.* — Il délibère sur l'érection d'une chapelle vicariale, en cas d'éloignement de la paroisse.

505. — DÉLIBÉRATION RELATIVE A L'ÉRECTION D'UNE CHAPELLE VICARIALE.

L'an. . . le. . .

M. le maire a exposé que depuis l'époque où la commune a cessé de former une paroisse et a été réunie pour l'administration du culte à celle de. . . . chef-lieu de la cure (*ou succursale*), les habitants de. . . ont toujours regretté de voir leur ancienne église fermée et d'être obligés de se rendre à. . . qui est à une distance de. . . kilomètres, pour assister à l'office divin ; que les revenus ordinaires de la commune permettent désormais de pourvoir aux dépenses du culte, et au traitement d'un vicaire chapelain résident; et que, pour ces motifs, il proposait au conseil de demander l'érection de l'église de la commune en chapelle vicariale.

Le conseil, après avoir délibéré, vu l'état de la situation financière de la commune, considérant que le déplacement habituel des habitants pour se rendre aux offices de la paroisse à. . . . leur est onéreux et fatigant; que les ressources de la commune peuvent suffire au paiement des dépenses d'établissement et d'entretien d'une chapelle vicariale, comme au traitement d'un chapelain ;

Vote l'érection de l'église de ....., en chapelle vicariale, dont le territoire de la commune formera la circonscription, et prend l'engagement de pourvoir annuellement, sur les revenus ordinaires de la commune, à l'insuffisance des ressources de la fabrique pour l'acquit des dépenses de la chapelle, évaluées ci-après, savoir :

Frais de la célébration du culte . . .	»	»
Traitement du chapelain	» fr.	» c.
Frais d'achat et d'entretien des ornements, vases sacrés et des objets mobiliers	»	»
Frais d'entretien de l'église , ...	»	»
Frais d'entretien du presbytère . . .	»	»
Total. . .	»	»

Fait et délibéré à

(*Signatures.*)

506. — *Colléges communaux.* — Le conseil délibère sur les comptes de ces établissements. (Ord. 29 janvier 1839.)

507. — *Contributions.* — Une ville ne peut être autorisée par décret à user de la faculté d'acquitter une partie de son contingent dans la contribution personnelle et mobilière, par un prélèvement sur les produits de l'octroi et de répartir le surplus entre les contribuables, soit au centime le franc des loyers d'habitation, soit d'après un tarif gradué en raison de la progression ascendante des loyers, qu'autant que le conseil municipal a pris une délibération en ce sens. (Cons. d'Et. 31 juillet 1874, — Dall. 76, 3, 57.)

508. — Et dans ce cas les contribuables sont recevables à demander la réduction de la taxe à laquelle ils ont été imposés par le motif que le tarif aurait mis à leur charge une contribution supérieure à celles qu'ils auraient eu à payer, si la totalité du contingent avait été répartie au centime le franc. (Cons. d'Et. 21 juillet 1876.—Dall. 76, 3, 57.)

Il a été encore jugé dans cet ordre d'idées qu'aucune catégorie de loyers ne peut être imposée à une contribution supérieure à celle qui lui aurait été attribuée si le contingent mobilier restant à répartir après la déduction des cotes purement personnelles, avait été réparti proportionnellement aux valeurs locatives d'habitation entre tous les contribuables y compris ceux auxquels le conseil municipal a accordé une exonération complète et ceux qui n'ont profité que d'une atténuation de taxes. (Ibid. — V. L. 3 juillet 1846.)

509. — *Culte.* — Le conseil délibère sur les dépenses du culte qui lui incombent par suite de l'insuffisance du revenu de la fabrique, et sur les réparations à faire aux églises et édifices consacrés au culte. (Décr. 30 déc. 1809.)

Il délibère également sur l'indemnité de logement à accorder aux desservants quand il n'y a pas de presbytère. (L. 18 juil. 1837, art. 30.)

510. — *Dons et legs.* — Le conseil délibère sur l'acceptation des dons et legs faits avec des conditions ou des charges immobilières et au cas de réclamation de la part des héritiers.

Le préfet doit donc veiller à ce que le conseil municipal s'assure, avant de statuer, des intentions des héritiers du testateur. (Circ. min. 3 août 1867. — Dall. 67, 3, 73.)

511. — En cas de refus par le conseil municipal d'accepter une libéralité, le préfet peut accepter d'office au nom de la commune. (Déc. min. 1862.— Cons. d'Ét. 14 avril 1864.)

A la condition de ne pas modifier les conditions. (Déc. min. 1857.)

Mais un décret d'autorisation ou de refus ne peut précéder la délibération définitive du conseil (Cons. d'Ét. 16 mai 1873. — Dall. 74, 3, 52.)

Il en est de même pour l'arrêté qui autorise d'office la commune à accepter. (Cons. d'Ét. 29 janvier 1875. — Dall. 75, 3, 99.)

Et lorsque l'approbation préfectorale donnée à la délibération du conseil est maintenue par le ministre, cette décision ne peut être déférée au conseil d'État. (Cons. d'Ét. 27 avril 1874. — Dall. 75, 3, 29.)

512. — *Échange de biens communaux.* — Le conseil délibère sur les échanges de biens communaux. Ces échanges se font avec les mêmes conditions que les acquisitions et les ventes. Une grande prudence doit présider à ces actes. (Circ. min. 5 août 1852.)

513. — DÉLIBÉRATION RELATIVE A UN ÉCHANGE D'IMMEUBLES

L'an.. . le....

M. le maire a exposé qu'il y aurait utilité à échanger un immeuble appertenant à la commune, ledit immeuble situé à .... et servant à .... contre une propriété située.... et appartenant au sieur.... pour y placer (*la mairie, les écoles ou tout autre établissement public*); il a déposé sur le bureau une lettre dudit sieur.... donnant son adhésion à cet échange.

Le conseil, considérant.... (*exposer les motifs en faveur de l'échange*);

A été d'avis qu'il y a lieu de prendre en considération la proposition de M. le Maire, comme étant avantageuse à la commune, sous la condition, toutefois, que le sieur.... payera, au profit de la commune, une soulte proportionnée à la plus-value de l'immeuble qui lui serait cédé par la commune.

Fait et délibéré à

(*Signatures.*)

Après enquête et expertise le conseil délibère une seconde fois pour prendre parti.

514. — *Gratuité de l'école primaire.* — Le conseil arrête la liste des enfants qui doivent être admis gratuitement dans les écoles publiques, non gratuites. (Décr. 7 oct. 1850.)

515. — *Hypothèques.* — Il autorise le maire à donner main levée des hypothèques consenties à titre de cautionnement au profit de la commune. (Décr. 14 juil. 1866.)

516. — Délibération du conseil municipal relative a une demande en main levée d'hypothèque consentie a titre de cautionnement par un adjudicataire de travaux communaux.

L'an.... le....

M. le maire a invité le conseil à délibérer sur la demande présentée par M....   en main-levée de l'inscription hypothécaire prise sur ses biens pour garantie de la bonne exécution des travaux qui lui ont été concédés par adjudication en date du.... pour....

Le conseil, considérant qu'il résulte du procès-verbal de réception définitive des travaux dont s'agit, en date du.... que lesdits travaux ont été exécutés conformément aux plans et devis dûment approuvés, que tous les comptes y relatifs ont été définitivement réglés, que l'intérêt de la commune n'est plus engagé au maintien de l'hypothèque prise sur les biens de l'adjudicataire, est d'avis qu'il y a lieu de consentir la main-levée demandée.

(En cas de refus on indique le motif de la décision.)

(Signatures.)

516. — *Instruction primaire.* — Le conseil délibère sur le taux de la rétribution scolaire, le traitement de l'instituteur et de l'institutrice et sur les moyens d'y pourvoir. (L. 15 mars 1850.)

517. — *Marais.* — Il délibère sur la mise en demeure que lui adresse le préfet de mettre les marais en valeur par le desséchement. (L. 28 juil. 1860.)

518. — *Marchés.* — Il délibère sur la création d'un marché dans la commune. (L. 24 juillet 1867.)

519. — *Mont-de-Piété.* — Il délibère sur l'établissement des monts-de-piété. (L. 24 juin 1851.)

520. — *Octroi.* — Il délibère sur les taxes d'octroi prorogeables pour plus de cinq ans, sur l'augmentation de ces taxes au delà d'un décime et pour plus de cinq ans, dans les limites déterminées par le décret du 19 février 1870. Il délibère encore sur l'établissement des taxes et des règlements, ainsi que sur les modifications à y apporter et sur la création de taxes dépassant le tarif général ou portant sur des objets qui n'y figureraient pas. (L. 24 juillet 1867.)

521. — *Parcours.* — Le conseil municipal délibère sur les conditions du parcours. Il approuve le choix fait par le maire du pâtre chargé de garder les bestiaux des habitants (V. vaine pâture.)

522. — *Pavage.* — Il délibère sur l'établissement d'une taxe au moyen de laquelle les habitants sont affranchis de l'obligation d'établir et de restaurer le pavage. (L. 25 juillet 1841.)

Après la délibération du conseil, une enquête est ouverte, le conseil en est saisi, et après ses observations le tarif projeté est soumis aux ingénieurs des ponts-et-chaussées et au sous-préfet. (Circ. min. 5 mai 1852. — Ordon. 23 août 1835.)

523. — *Péages.* — Le conseil délibère sur le tarif des bacs et bateaux établis dans la commune. (Circ. min. 6 juin 1816.)

524. — *Pompes-funèbres.* — S'il n'y a pas de marché pour les sépultures, le conseil délibère sur les taxes et le mode de transport des corps. (L. 24 juillet 1867.)

525. — *Receveur municipal.* — V. Budget, chap. XII.)

526. — *Sapeurs pompiers.* — Le conseil délibère sur l'organisation. d'un corps de pompiers, et nomme deux de ses membres au scrutin secret pour faire partie de la commission d'admission.

Il doit alors s'engager à subvenir, pendant cinq ans aux dépenses déterminées par un décret du 29 déc. 1875, art. 6 et 29, et relatives aux objets suivants :

1° Frais d'habillement et d'équipement des sous-officiers, caporaux et sapeurs qui ne peuvent les payer ;

2° Achat de tambours et clairons ;

3° Loyer et entretien des corps-de-garde ;

4° Loyer du poste des pompes ;

5° Solde des tambours et clairons ;

6° Réparation et entretien des armes ;

7° Frais d'écritures et de bureau ;

8° Secours et pensions aux sapeurs-pompiers ou à leurs veuves et enfants.

Le conseil délibère également sur les moyens de subvenir à ces dépenses.

527. — *Service militaire.* — Il désigne les jeunes gens qui peuvent être dispensés comme soutiens de famille.

528. — *Tarifs.* — Le conseil délibère sur l'établissement des tarifs de péage, jaugeage et mesurage et les perceptions sur les ports, quais et rivières. (Circ. min. 3 août 1867. — Dall. 67, 3, 73.)

529. — *Transactions.* — Le conseil délibère sur l'avis des trois jurisconsultes désignés par le préfet pour examiner les conditions d'une transaction. (Arr. 21 frimaire an XII.)

Cet avis n'est plus nécessaire lorsque après le rejet par le préfet d'un premier projet, une autre proposition plus favorable aux intérêts de la commune est acceptée par le conseil. (Pau, 1er mars 1852 — Dall. 74, 5, 111.)

530. — DÉLIBÉRATION AU SUJET D'UNE TRANSACTION.

L'an..., le..

M. le maire a déposé sur le bureau une consultation relative au procès qui existe entre la commune et le sieur..., signée par trois jurisconsultes MM..., désignés par M. le préfet à l'effet de donner leur avis sur ledit procès ; de laquelle consultation il résulte que..... (*énoncer l'avis des jurisconsultes*), et a demandé que le conseil délibérât si, d'après ladite consultation, il serait plus avantageux à la commune de transiger, que de donner suite au procès.

Le conseil, après s'être livré à l'examen des pièces qui lui ont été soumises, considérant que, bien que les droits de la commune paraissent établis de manière à laisser peu de doute sur le succès du procès, il est néanmoins préférable, dans l'intérêt même de la commune, d'éteindre par une transaction le procès qui existe entre elle et le sieur..... ;

Considérant que l'objet du litige est de peu d'importance et ne saurait faire l'objet d'une contestation qui pourrait être plus onéreuse que profitable à la commune, quand bien même elle obtiendrait un succès complet ;

Est d'avis qu'il y a lieu de solliciter toute autorisation nécessaire auprès de l'autorité qui en doit connaître, conformément à l'article 59 de la loi du 18 juillet 1837.

Ou bien : Le conseil après en avoir délibéré a unanimement été d'avis que, les droits de la commune étant certains, ce serait nuire à ses intérêts que de transiger sur ce procès, et a consenti à ce qu'il fût donné suite, po

M. le maire, à l'action judiciaire par lui commencée sous l'autorisation du conseil de préfecture.

Fait et délibéré à.....

(*Signatures.*)

531. — L'homologation du préfet doit être donnée en conseil de préfecture ; elle serait nulle si l'arrêté avait été rendu sur le vû d'un avis antérieurement donné par le conseil de préfecture. (Cons. d'Et. 11 août 1862. — Dall. 66, 5, 76.)

La nullité d'une délibération du conseil municipal relative à une transaction, ne peut être prononcée que par l'autorité administrative. (Cons. d'Et. 17 avril 1869. — Dall. 71, 2, 1.)

532. — *Travaux*. — Le conseil délibère sur les travaux à effectuer dans la commune, lorsqu'ils n'ont pas le caractère de travaux d'entretien ou de grosses réparations ou qu'ils dépassent le cinquième des revenus de la commune et doivent coûter plus de 30,000 fr. (L. 24 juillet 1867.)

Il examine les plans et devis et les approuve. La délibération doit également porter sur l'utilité et la nécessité de la dépense, ainsi que sur les ressources qui permettront d'y faire face. (Circ. min. 12 août 1875.)

En cas d'enquête, il examine les observations produites, et donne son avis par une délibération motivée.

Si les travaux ne doivent pas coûter plus de trois mille francs, et ne sont pas l'objet d'une adjudication, le conseil délibère sur les conditions du traité avec l'entrepreneur. (Déc. min. 1867.)

Si les travaux intéressent plusieurs communes, et que les conseils municipaux soient d'avis différents, le conseil d'arrondissement et le conseil général donnent leur avis.

Si les travaux ont trait à la construction d'une maison d'école, le conseil délibère sur la demande de secours qui peut être adressée au gouvernement. L'allocation du secours est subordonnée à l'exécution intégrale des projets votés. (Arr. min. 14 juill. 1858.)

538. — DÉLIBÉRATION PORTANT DEMANDE DE SECOURS POUR LA CONSTRUCTION D'UNE ÉCOLE.

L'an....., le.....

M. le maire a exposé que la commune vient de s'imposer de grands sacrifices et d'engager pour de longues années ses ressources pour la construction d'une maison d'école ; que malgré l'emploi des sommes affectées à cette dépense, il restera encore à payer, sur les travaux à faire, une somme de..., et il a proposé au conseil municipal d'adresser une demande au gouvernement, à l'effet d'accorder à la commune un secours pour l'aider à se libérer de la somme restant à payer.

Le conseil municipal,

Vu l'état de la situation financière de la commune ;

Considérant l'insuffisance de ses ressources pour pourvoir, dans les délais voulus, au paiement des travaux de la maison d'école, déclare adhérer à la proposition de M. le maire, et l'invite à faire toutes démarches nécessaires près de l'administration supérieure pour obtenir un secours, soit sur les fonds du département, soit sur les fonds de l'Etat.

Fait et délibéré à

(Signatures.)

534. — *Trottoirs.* — Le conseil délibère sur le projet de faire déclarer d'utilité publique, l'établissement de trottoirs dans la commune et la répartition de la dépense.

535. — DÉLIBÉRATION A CET EFFET.

L'an..., le...

Le conseil municipal, vu le devis dressé le..., par le..., pour l'établissement des trottoirs dans la rue de..., dans les conditions suivantes :

(Indication des dimensions et matériaux à employer).

Prix...

Ensemble...

Représentant par mètre carré...

Vu le plan d'alignement de ladite rue, approuvé par... le...

Vu le budget communal pour l'exercice courant ;

Vu l'état de la situation de la caisse communale dressé le..., par le receveur municipal, et présentant un chiffre de fonds disponibles de... ;

Vu la loi du 18 juillet 1837, article 19 :

Vu la loi du 7 juin 1845 ;

Considérant que l'établissement de trottoirs dans la rue de... est utile pour la circulation publique ;

Considérant que les matériaux désignés aux devis permettent de faire un travail durable sans que la contribution à demander aux riverains soit exagérée ;

Considérant enfin que la commune est en position de supporter la moitié de la dépense ;

Délibère :

Il y a lieu de déclarer d'utilité publique l'établissement de trottoirs dans la rue de..., par application de la loi du 7 juin 1845, et d'en répartir la dépense par moitié entre la commune et les propriétaire riverains.

Le devis susvisé est adopté.

La portion incombant à la commune sera payée sur les fonds libres communaux.

Fait et délibéré à...

(Signatures)

Après enquête, le conseil délibère sur les observations qui ont été faites, et sur le choix des matériaux à employer.

536. — *Vaine pâture.* — Le conseil délibère sur les conditions d'exercice de la vaine pâture et des parcours, sur leur époque et leur durée. (Cons. d'Et. 16 avril 1875, 25 févr. 1876. — Dall. 76, 1, 459.)

Il peut modifier les règlements antérieurs. (Cons. d'Et. 5 mai 1859. — Déc. min. 18 avril 1861.)

Mais non restreindre la vaine pâture. (Cass. 18 juil. 1866.)

Cependant il n'y a pas d'excès de pouvoir dans la délibération d'un conseil municipal, décidant que tous les prés seront laissés en regain pour une année, et ne seront livrés à la vaine pâture qu'après la coupe. (Cass. 16 avril 1875. — Dall. 76, 1, 459.)

Il peut également en reculer l'époque. (Cass. 16 avril, Ibid.)

537. — Dans le cas spécial où des propriétaires ont, par des canaux et travaux d'irrigation amené des eaux sur leurs prairies, le conseil peut alors décider que la vaine pâture ne s'opérera qu'après la seconde coupe. Cette opinion, dont l'équité est trop évidente, pour qu'il soit nécessaire de la défendre, a cependant été controversée. La thèse contraire résulte d'une décision ministérielle. Nous persistons toutefois dans notre avis confirmé par la jurisprudence en ce qui touche les trèfles et les foins semés. (Cass. 24 avril 1873.)

Le conseil détermine le nombre de bêtes à envoyer à la vaine pâture. S'il n'y a pas de règlement à ce sujet, chacun peut envoyer autant de bêtes qu'il lui plaît. (Cass. 11 mai 1869.)

Le même droit appartient au cultivateur qui trafique sur ses bestiaux. (Cons. d'Et. 15 mars 1862.)

538.—La vaine pâture peut être répartie entre les différentes espèces de bestiaux. Ainsi lorsque le règlement fait par le conseil municipal, porte que pour les chevaux et bêtes à cornes, la vaine pâture aura lieu tant sur les terres que sur les près, et pour les bêtes à laine, seulement sur les terres, il y a contravention dans le fait de mener les moutons dans les prés. (Cass. 25 févr. 1876. — Dall. 76, 1, 459.)

On s'est demandé si les prairies artificielles pouvaient être comprises dans la vaine pâture pour la fixation de la quantité de bétail à envoyer.

La négative paraît certaine, car l'article 16 de la loi de 1791 et l'art. 648. C. Civ. portent que le propriétaire qui aura clos une partie de ses terres devra diminuer le nombre des bêtes qu'il envoie à la vaine pâture, en proportion de ses terrains clos, et la jurisprudence assimile les prairies artificielles à des terrains clos. (Cass. 24 mai 1842.)

S'il s'agit d'un fermier, c'est seulement à partir de son entrée en jouissance que ses terres sont comptées.

539. — DÉLIBÉRATION SUR LE NOMBRE DES BESTIAUX A METTRE AU PARCOURS

L'an...... le...... etc....

M. le maire a exposé que le conseil était appelé à déterminer le nombre de bestiaux que les propriétaires ou fermiers pouvaient être admis à envoyer au parcours, proportionnellement à l'étendue des propriétés dont ils jouissent.

Le conseil, vu l'article 13, section 4, titre 1er de la loi du 28 septembre-6 octobre 1791, et l'article 17 de la loi du 18 juillet 1837 ;

Considérant qu'il importe de rappeler les habitants de cette commune à l'exécution des usages locaux qui fixent le nombre des bestiaux à envoyer au parcours ;

Arrête :

Conformément à l'ancien usage local, les propriétaires ou fermiers ne pourront faire conduire au pâturage que (*nombre*) bêtes à laine et (*nombre*) bêtes à cornes ou chevaux, par hectare de terre qu'ils exploitent.

Fait à.....

(*Signatures*).

540. — *Voirie.* — Le conseil municipal délibère sur l'ouverture des rues et places publiques, et sur les projets d'alignement de voirie municipale dans les villes de plus de 2,000 âmes. (L. 18 juin 1837.)

Après enquête sur les projets, une nouvelle délibération n'est nécessaire que s'il y a eu des observations contraires à l'adoption du projet. (Cons. d'Et. 10 juil. 1874. — Dall. 75, 3, 65.)

On ne devrait pas considérer comme des observations ou réclamations les protestations ou réserves signifiées au préfet en dehors de l'enquête. (Cons. d'Et. 10 juil. 1874. — Ibid.)

La délibération est soumise au préfet qui ne peut que refuser ou donner purement et simplement son approbation aux plans adoptés par le conseil, sans pouvoir les modifier. (Cons. d'Et. 7 janvier 1869. — Circ. min. 12 mai 1869. — Dall. 69, 3, 36 et 45.)

Ni rendre exécutoire un plan qui n'aurait pas été approuvé par le conseil. (Cons. d'Et. 12 mai 1869. — Dall. 70, 3, 83.)

Le conseil municipal n'a aucun pouvoir en ce qui touche le nom des rues. (Circ. min. 3 août 1841.)

MATIÈRES DIVERSES.

541. — *Abonnement*. — Le conseil municipal délibère sur l'abonnement avec la régie des contributions indirectes pour la perception de l'octroi. (L. 28 avril 1816, art. 158.)

Il peut adopter la régie simple, ou le bail à ferme ou la régie intéressée. (Ibid., art. 147.)

542. — *Archives*. — Il délibère sur les allocations relatives aux archives municipales et sur le transport d'une portion de ces archives au chef-lieu du département. (Circ. min. 16 juin 1842.)

543. — *Bains et lavoirs publics*. — Le conseil délibère sur l'établissement des bains et lavoirs publics ; sa délibération doit contenir l'évaluation des frais de premier établissement et l'indication des moyens à employer, ainsi que les ressources disponibles.

Les communes qui, dans le but d'établir des bains et lavoirs gratuits ou à prix réduits, désirent obtenir une subvention de l'Etat doivent :

1° S'engager à pourvoir pour les deux tiers au moins, à la dépense;

2° Soumettre au ministre de l'agriculture et du commerce les plans et devis, ainsi que les tarifs projetés.

544. — *Balayage.* — (*à Paris*) Le conseil délibère sur la taxe de balayage après l'enquête faite. Cette taxe doit être révisée tous les cinq ans. (L. 26 mars 1873.)

535. — *Bibliothèques communales.* — Dans le cas où il n'existe pas de bibliothèque dans la commune le conseil délibère sur son établissement. Mais si la bibliothèque est établie, elle est administrée par un comité (Ord. 22 févr. 1839. art. 38.) dont les membres sont nommés par le ministre. (Cons. d'Et. 17 avril 1874. — Circ. min. 11 mai 1874.)

536. — *Cadastre.* — Le conseil délibère sur l'opportunité de réviser le cadastre si l'établissement ou la dernière révision remonte à plus de trente ans. (L. 7 août 1850, art. 7.)

L'évaluation du revenu imposable est révisée tous les dix ans.

537. — *Caisse d'épargne.* — Le conseil délibère sur la création de la caisse et sur les statuts; il nomme les directeurs dont trois au moins doivent être conseillers municipaux. (Circ. 10 juil. 1825.)

538. — Délibération sur la création et les statuts d'une caisse d'épargne.

L'an   le

M. le maire a exposé que la commune aurait grand intérêt à posséder une caisse d'épargne.

Le conseil municipal, vu la loi du 5 juin 1835, art. 1er, reconnaissant l'utilité d'un établissement de ce genre décide la fondation d'une caisse d'épargne et règle les statuts comme il suit :

Art. 1er. Cette caisse sera destinée à recevoir en dépôt les sommes qui lui seront confiées par toutes personnes domiciliées à ...... ou dans l'arrondissement de ...... qui désireront y verser leurs épargnes; elle sera mise en activité aussitôt que les présentes auront reçu l'autorisation du gouvernement.

2. Le fonds de dotation de la caisse se composera des dons et souscriptions recueillies en sa faveur; jusqu'à ce que les intérêts de ce fonds et les bénéfices de l'établissement puissent suffire aux frais d'administration, le conseil municipal pourra voter chaque année, sur la demande des directeurs, les sommes nécessaires pour compléter ces dépenses.

Il sera fait un appel aux personnes bienfaisantes pour les inviter à concourir à cette institution philanthropique.

Une salle de l'Hôtel de Ville sera destinée à son administration.

3. La caisse sera administrée gratuitement par un conseil composé du maire de ...... et de... directeurs dont les fonctions dureront cinq ans, et qui seront renouvelés par cinquième chaque année; les directeurs sortants seront indiqués par le sort pour les premières années, et ensuite par l'ancienneté.

4. Les directeurs seront choisis, savoir : trois parmi le conseil municipal, et .... parmi les citoyens les plus notables de la ville, et particulièrement parmi les souscripteurs.

Ils seront à la nomination du conseil municipal.

5. Le maire préside le conseil des directeurs toutes les fois qu'il assiste aux séances; il peut se faire remplacer par un adjoint.

6. Les directeurs éliront à la majorité des suffrages un vice-président et un secrétaire; ils régleront l'administration intérieure de la caisse.

Ils pourront établir un bureau d'administration composé de cinq membres, dont un conseiller municipal, lesquels seront choisis parmi eux pour régir la caisse et en surveiller le service.

7. La caisse d'épargne est établie pour recevoir les économies des particuliers et les verser immédiatement, sous son nom au trésor public, conformément à la loi du 31 mars 1837, elle n'est qu'un simple intermédaire gratuit entre eux et lui.

8. Au mois de décembre de chaque année, le taux de l'intérêt des sommes versées à la caisse sera fixé pour l'année suivante par le conseil d'administration.

La fixation de ce taux sera rendue publique par l'insertion dans les feuilles hebdomadaires de l'arrondissement et du département.

L'intérêt pour l'année 18 ... sera de.....

Le minimum des versements est fixé à 1 franc; le maximum par semaine à 300 francs.

Nul versement n'est reçu sur les comptes dont le crédit atteint 1,000 fr., soit par le capital, soit par l'accumulation des intérêts.

10. La caisse ne tient compte des intérêts que pour les sommes rondes de 10 francs et au-dessus, et quinze jours seulement après que chaque somme de 10 francs aura été successivement versée au comptable, jusqu'au jour de la demande en remboursement, qui se fera en prévenant quinze jours d'avance.

11. Les dépôts seront inscrits sur un livret au nom du déposant, numéroté et contresigné par un directeur et un secrétaire.

L'intérêt sera réglé à la fin de chaque année; il sera capitalisé et produira des intérêts pour l'année suivante.

Les remboursements successifs seront inscrits au livret, qui sera retenu lors du remboursement intégral.

Aucun déposant ne pourra avoir plus d'un livret en son nom ; le contrevenant sera privé de tout intérêt et de la faculté d'avoir un compte à la caisse.

12. Lorsqu'un déposant aura versé la somme nécessaire pour l'achat d'une inscription de rente, la caisse pourra, sur la demande du déposant, en faire l'acquisition au nom de ce dernier.

Lorsque le crédit d'un déposant aura atteint 1,000 francs, il lui en sera donné connaissance ; dans le mois qui suivra cet avertissement, si celui-ci ne manifeste pas une intention contraire, le conseil d'administration placera, en son nom, ces 1,000 francs en rente sur l'Etat : aussi longtemps que le déposant ne réclamera pas la remise de son inscription de rente, les arrérages seront touchés par la caisse et portés en accroissement au crédit du déposant.

Cet article sera transcrit sur tous les livrets.

12. La dissolution de la caisse arrivant pour quelque cause que ce soit, les valeurs qui resteront libres, après le remboursement de tous les dépôts et le paiement de toutes les dettes, demeureront destinées à la prolongation et au renouvellement de l'établissement, s'il y a lieu ; sinon, elles seront, d'après une délibération du conseil municipal, employées à des œuvres de bienfaisance.

Cette délibération doit être légalisée, ou bien les statuts doivent être rédigés par devant notaire en vertu de la délibération.

Une triple expédition en est transmise au préfet.

539. — *Chemin de fer.* — Le conseil délibère sur l'établissement d'un chemin de fer d'intérêt local et sur les ressources dont il peut disposer, il a le droit d'affecter à cette dépense les ressources créées en vertu de la loi du 21 mai 1836 sur les chemins vicinaux.

Le contingent des communes doit être entièrement volontaire. (Circ. min. 2 août 1865.)

540. — DÉLIBÉRATION RELATIVE AU CONTINGENT A FOURNIR PAR UNE COMMUNE POUR LA CONSTRUCTION D'UN CHEMIN DE FER.

L'an le....

M. le maire a exposé que... (*projet dressé par le conseil général, conditions*).

Il a ajouté que le conseil municipal est invité par lettre de M. le préfet en date du.... à délibérer sur le chiffre du contingent à fournir par la commune dans le cas où le projet dont il s'agit viendrait à se réaliser.

Le conseil, considérant les avantages que procurerait à la commune l'établissement de ce chemin de fer.

Vu l'état de la situation financière de la commune, dressé par le receveur municipal et certifié par M. le maire.

A délibéré ce qui suit :

La commune de..... s'engage à contribuer jusqu'à concurrence de la somme de..... à l'exécution de la ligne du chemin de fer de....

Ce contingent se composera de.....

(*Exposé des ressources à l'aide desquelles la commune fera face à la subvention promise: Fonds libres, produits divers, centimes additionnels, prestations, emprunt.*) (Dans le cas de vote d'un emprunt ou de centimes additionnels, il faut le concours des plus imposés)

Total....

(S'il y a lieu à l'établissement d'une station dans la commune.)

Le conseil exprime le vœu qu'une station soit établie à..... pour desservir la commune.

Fait et délibéré à.....

541. — *Chemins ruraux.* — Le conseil délibère sur la déclaration des chemins ruraux.

542. — DÉLIBÉRATION CONCERNANT LES CHEMINS RURAUX.

L'an.... le...., d.....

M. le maire a déposé sur le bureau l'état des chemins ruraux appartenant à la commune, et les réclamations et observations auxquelles sa publication a donné lieu.

Le conseil, après avoir délibéré sur chacun des articles dudit état, ainsi que sur les réclamations et observations faites,

Estime qu'il y a lieu de déclarer chemins ruraux ceux portés sous les nᵒˢ....., par conséquent, de les reconnaître comme appartenant à la commune, et devant être réparés à ses frais.

Fait et délibéré à.....

(*Signatures*).

Le sous-préfet donne son avis ensuite.

Dans les communes où les chemins vicinaux classés sont entièrement terminés, le conseil délibère sur l'application aux chemins publics ruraux, de l'excédant de leurs prestations disponibles, mais seulement dans la limite du tiers des prestations et si la commune n'est pas subventionnée pour l'entretien des chemins vicinaux ordinaires.

543. — *Chemins vicinaux.* — (V. le chap. spécial.)

Le conseil délibère sur les ressources à consacrer aux chemins vicinaux. (L. 28 juillet 1824.)

Sur les projets d'ouverture de nouveaux chemins vicinaux ordinaires dans la commune et sur le redressement ou l'élargissement des anciens.

Il donne aussi son avis sur les conditions de ces transformations et améliorations. (v. infra.)

Il délibère sur le tarif de la conversion des prestations en tâches (L. 21 mai 1836). Sur l'emploi des reliquats des exercices précédents.

Il délibère sur le recours à former contre le degrèvement d'un prestataire indûment prononcé par le conseil de préfecture. — (Arr. min. 6 déc. 1870. — art. 66, 69, 95.)

Il délibère enfin sur le budget préparé pour la session de novembre par l'agent-voyer cantonal, et relatif aux travaux à faire pour l'année suivante, et aux ressources à y consacrer.

544. — *Cimetières*. — Le conseil délibère sur la translation des cimetières situés au milieu des communes ou à moins de 25 mètres de la masse des habitations.

Il délibère aussi sur l'agrandissement.

Après la délibération sur l'opportunité et la nécessité de ces mesures un enquête est faite et elle est soumise au conseil.

545 — DÉLIBÉRATION RELATIVE A LA TRANS-
LATION D'UN CIMETIÈRE.

L'an ...., le ....

M. le maire a donné communication au conseil municipal d'une lettre par laquelle M. le préfet, rappelant les dispositions 1 et 2 du décret du 23 prairial an XII sur les sépultures, invite les communes qui n'ont point encore satisfait aux prescriptions de la loi à s'y conformer au plus tôt.

Le conseil, reconnaissant les avantages et même la nécessité de déplacer les cimetières qui se trouvent maintenant au sein des populations; que les mesures de translation doivent être prises autant dans l'intérêt du respect dû à la cendre des morts, que dans celui de la salubrité publique, et reconnaissant aussi la convenance du terrain dont M. le maire a proposé de voter à cet effet l'acquisition, délibère que M. le maire s'en rendra adjudicataire au nom de la commune, sans pouvoir toutefois dépasser le prix de .....

Fait et délibéré à ....,

(Signatures.)

546. — DÉLIBÉRATION POUR L'AGRANDISSEMENT DU CIMETIÈRE.

L'an ..., le ...,

M. le maire a exposé que, le nombre des inhumations ayant déjà rempli l'espace, d'ailleurs resserré, du cimetière actuel, il allait devenir indispensable ou de procéder à des inhumations ou d'agrandir le cimetière par un terrain nouveau.

Le conseil, considérant qu'il n'est pas moins contraire au respect dû aux morts qu'à la salubrité publique de procéder à des exhumations dans un délai trop rapproché des inhumations, délibère qu'il y a lieu d'agrandir le cimetière actuel de la commune, et autorise M. le maire à acquérir à cet effet ..... mètres carrés de terrain aux conditions les plus avantageuses.

Fait et délibéré...

(Signatures.)

547. — *Contributions extraordinaires.* — (V. Budget.)

Le conseil délibère sur les contributions extraordinaires qui dépasseraient 5 centimes, sans excéder le maximum fixé par le conseil général et pour une durée de moins de douze ans.

Si la contribution dépasse ce maximum de quotité et de durée, la délibération du conseil doit être approuvée par décret.

548. — *Écoles de hameau.* La nécessité de la

construction d'une école de hameau étant reconnue par le conseil départemental, le conseil délibère sur les moyens de l'établir. (Circ. min. 12 mai 1867.)

549. — *Eglises et presbytères.* — Le conseil délibère sur la reconstruction de l'église ou sur son déplacement. (Cons. d'Ét. 3 nov. 1864.)

Si les travaux sont exécutés par la fabrique et avec ses seules ressources, le conseil doit délibérer sur les projets, à la condition qu'il s'agisse d'une propriété communale. (Déc. min 1862.)

550. — *Entrepôts.* — Le conseil délibère sur les demandes des marchands de gros et demi-gros, tendant à avoir l'entrepôt à domicile.

551. — *Entrepôts de douanes.* — Il délibère sur la construction des entrepôts de douanes, et sur les dépenses nécessaires à l'établissement et au fonctionnement des entrepôts. En cas de refus du conseil municipal, les chambres de commerce peuvent faire la même création. (L. 27 février 1832.)

552. — *Fabriques.* — Il délibère sur les comptes de la fabrique lorsque les ressources de celle-ci étant insuffisantes pour subvenir aux dépenses obligatoires du culte, le conseil est obligé de voter l'excédant.

553. — *Hospices.* — Il délibère sur la fondation d'un hospice. —(Circ. min. 5 mai 1852.)

Et sur les propositions des commissions administratives d'hospices tendant à l'aliénation d'un immeuble. (Art. 10 L. 7 août 1851.)

554. — *Perception.* — Il délibère sur les modes de perceptions des droits d'octroi. (L. 28 avril 1816.) V. abonnement.

555. — *Placements.* — Il délibère sur les placements de fonds, l'achat de rentes sur l'État et la vente de ces valeurs. (Décr. 25 mars 1852.)

556. — *Salles d'asile.* — Le conseil délibère sur l'établissement des salles d'asiles et sur les ressources à y affecter, afin de faire à la directrice un traitement de 250 fr, et aux sous-directrices de 150 fr. au moins.

La commune doit fournir le logement gratuit. (V. Budget.)

557. — DÉLIBÉRATION SUR LA CRÉATION D'UNE SALLE D'ASILE.

L'an ..., le ...

M. le maire a exposé au conseil les avantages qu'il y aurait pour la commune à posséder une salle d'asile où les enfants des deux sexes, de deux à sept ans, pourraient recevoir les soins que réclame leur développement moral et physique, et il a invité le conseil à délibérer sur la création de cet établissement et sur les moyens d'y pourvoir.

Le conseil,

Vu le budget de la présente année et l'état de la situation financière de la commune, dressé par le receveur municipal . . . .

Considérant l'utilité d'une salle d'asile et . . . *(moyens de réaliser le projet).*

A délibéré ce qui suit :

1. M. le maire est chargé de faire les diligences nécessaires à l'effet d'obtenir l'autorisation d'ouvrir une salle d'asile communale et d'y faire les travaux d'appropriation nécessaires ;

2. La dépense d'appropriation dont il s'agit sera acquittée sur . . . *(ressources disponibles.)*

3. Il sera alloué à la directrice de la salle d'asile un traitement de . . .

4. Pour indemniser la commune de ses dépenses, il sera perçu sur les familles qui envoient leurs enfants à l'asile et qui seront en mesure de la payer, une rétribution de... par élève, et par mois (*ou par abonnement.*)

Cette rétribution sera recouvrée par le receveur municipal au profit de la commune, qui prend à sa charge tous les frais de traitement et d'entretien ci-dessus mentionnés.

Fait et délibéré à . . . . .

(*Signatures.*)

558. — *Taxe des chiens.* — Le conseil délibère sur la révision de la taxe des chiens qui peut être demandée tous les trois ans. (L. 2 mai 1855.)

559. — *Télégraphe.* — Il délibère sur l'établissement d'un bureau télégraphique et sur le fonds de concours nécessaire. (Circ. min. 13 août 1872).

Si la commune est chef-lieu de canton, l'établissement d'un bureau est de droit.

La part contributive d'une commune est de 120 fr. par kilomètre de fil à poser sur des appuis existant déjà. (Circ. min. 30 juillet 1874.)

560. — *Terrains incultes.* — Le conseil délibère sur la mise en culture, le reboisement ou le gazonnement. (V. ces mots. L. 10 nov. 1864, art. 30.)

Pour les travaux à exécuter, il doit allouer des fonds. (Ibid. — art. 22.)

561. — *Vidange.* — Il peut établir des taxes de vidange à percevoir par une compagnie fermière. (Cass. 22 août 1834.)

Mais les propriétaires restent libres de faire procéder à la vidange, à leurs frais. (Déc. min. 31 déc. 1833. — 7 sept. 1837.)

DROITS DE L'AUTORITÉ SUPÉRIEURE.

562. — Toutes les délibérations relatives aux matières qui forment l'objet du présent chapitre n'ont pas par elles-mêmes la force exécutoire, elles doivent être approuvées par le préfet, mais celui-ci ne peut modifier la délibération, il doit l'approuver ou la rejeter toute entière ; en cas de désaccord il se borne à réserver son approbation en indiquant quelles modifications il souhaite. (Cons. d'Et. 5 mars 1869, 18 août 1861.)

Il peut toujours provoquer une nouvelle délibération. (Cons. d'Et. 25 juin 1875. — Dall. 76, 3, 19).

563. — En cas de refus d'approbation, l'arrêté du préfet ne peut être déféré directement au conseil d'Etat. (Cons. d'Et. 14 nov. 1873, 7 janvier 1876.)

C'est un acte d'administration qui ne peut faire l'objet que d'un recours administratif. (Cons. d'Et. 9 fév. 1870. — Dall. 70, 3, 57. — 23 février 1874. — Dall. 74, 3, 69.) — 27 fév. 1874.)

Mais à notre sens le décret qui statue sur ce recours peut être déféré au conseil d'Etat pour excès de pouvoir. (Cons. d'Et. 23 janvier 1874. — Ibid.)

Le recours est formé par les membres du conseil municipal agissant collectivement. Cette opinion a été combattue et condamnée dans un arrêt du conseil d'Etat qui a cependant admis que si les membres du conseil municipal ne pouvaient se pourvoir collectivement devant le conseil d'Etat, ils avaient toutefois le droit de former un recours en leur nom personnel. Cette subtilité est la condamnation du système que nous repoussons. (Cons. d'Et. 27 fév. 1874. — Dall. 74, 3, 69.)

---

564 — Les avis qui sont demandés aux conseils municipaux sont tantôt imposés à l'autorité supérieure, tantôt facultatifs pour elle. Dans certains cas ils sont exigés à peine de nullité, mais sans cependant que l'administration soit tenue de se conformer à l'avis qu'elle a dû demander.

Le conseil donne ainsi son avis :

1° Sur les circonscriptions relatives au culte ;

2° Sur les circonscriptions relatives à la distribution des secours publics ;

3° Sur les projets d'alignement de grande voirie dans l'intérieur des villes, bourgs et villages ;

4° Sur l'acceptation des dons et legs faits aux établissements de charité et de bienfaisance ;

5° Sur les autorisations d'emprunter, d'acquérir, d'échanger, d'aliéner, de plaider ou de transiger, demandées par les mêmes établissements et par les fabriques des églises et autres administrations préposées à l'entretien des cultes dont les ministres sont salariés par l'Etat ;

6° Sur les budgets et les comptes des établissements de bienfaisance ;

7° Sur les budgets et les comptes de fabriques et autres administrations préposées à l'entretien des cultes, dont les ministres sont salariés par l'Etat, lorsqu'elles reçoivent des secours sur les fonds communaux ;

8° Enfin toutes les fois qu'une loi ou un règlement exige son avis, ou qu'il lui est demandé par le préfet.

Un examen plus détaillé permettra de se rendre un compte exact de ces attributions consultatives dont l'énumération doit être faite, car c'est dans des lois éparses que nous les découvrons.

565 — *Abonnements.* — Le conseil municipal est consulté sur les abonnements que peuvent souscrire les établissements industriels pour la réparation des chemins vicinaux.

566 — *Alignements.* — Il donne son avis sur les alignements de grande voirie, dans l'intérieur des villes, bourgs et villages.

567 — *Bourses.* — Le conseil délibère sur la situation de fortune des familles qui sollicitent des Bourses pour leurs enfants, dans les établissements suivants :

Ecole polytechnique — (Décr. 1er nov. 1852.)

Ecole militaire de St-Cyr — (Décr. 11 août 1850.)

Prytanée militaire de la Flèche — (Ord. 12 avril 1831.)

Ecole navale de Brest — (Ord. 4 mai 1833.)

Ecole des arts-et-métiers d'Aix, d'Angers et de Châlons (Décr. 6 nov. 1873.)

L'examen du conseil municipal doit être approfondi, et le préfet ne peut approuver que les propositions parfaitement motivées. (Circ. min. 8 janvier 1877.)

568 — AVIS DU CONSEIL MUNICIPAL RELATIVEMENT A UNE DEMANDE DE BOURSE.

L'an ...... le ...... (*réunion extraordinaire*)

M. le maire a fait connaître au conseil qu'il était convoqué pour émettre son avis sur une demande adressée à M. le ministre de...... par M. ...... demeurant en cette commune, dans le but d'obtenir, au cas où il serait admis par voie de concours à l'école de .... une bourse (ou demi-bourse) sur les fonds de l'Etat.

Le conseil municipal, considérant que M. .... père du pétitionnaire n'a d'autres ressources que .... (*revenus, salaires*) qu'il a .... enfants à sa charge, et qu'il ne pourrait par conséquent, suffire, avec ses seules ressources, au paiement de la pension de son fils à ....

Est d'avis qu'il y a lieu d'accorder au jeune .... une bourse (ou une demi-bourse, ou une subvention annuelle de...)

Fait et délibéré à

(Signatures)

569 — *Bourses dans les lycées et colléges.* — Le conseil dresse une liste des élèves qui lui paraissent dignes d'obtenir des bourses ou demi-bourses dans les établissements du département. La liste doit contenir un nombre de candidats double de celui des bourses à accorder. (Décr. 7 février 1852.)

570 — *Bureau de bienfaisance.* — Le conseil donne son avis sur la création d'un bureau de bienfaisance. Mais le bureau ne peut être établi que s'il a une dotation régulière de cinquante francs soit en revenus d'immeubles, soit en rentes sur l'Etat. (Circ. min. 3 août 1867.)

L'avis du conseil est nécessaire, que la commune fournisse ou non une subvention, sur les budgets, les crédits supplémentaires, et les comptes de gestion de ces bureaux. (Inst. 20 juin 1859.)

571 — *Chemins ruraux.* — Le conseil donne son avis sur les suppressions de chemins, ou d'une partie du terrain qu'ils occupent.

572 — *Chemins vicinaux.* — Le conseil municipal donne son avis sur la déclaration de vicinalité d'un chemin. (L. 10 août 1871, art. 86, 88. — Dall. 71, 4, 102.)

Il donne son avis sur le classement et le déclassement, l'ouverture et le redressement de ces chemins. (Cons. d'Et. 27 juin 1873. — 21 nov. 1873. — Dall. 74, 3, 81. — Cons. d'Et. Rec. Lebon 19 et 23 mars 1877.)

Mais il est sans pouvoir pour déclasser ou redresser un chemin précédemment déclaré vicinal par arrêté préfectoral. (Cass. 6 février 1872. — Dall. 72, 1, 47.)

573 — L'avis du conseil ne lie pas l'administration, mais la commune ne peut être obligée à supporter la dépense de redressement d'un chemin vicinal ordinaire dont le conseil municipal a rejeté le projet. (Cons. d'Et. Rec. Lebon. 14 nov. 1873. — 7 avril 1876.)

Il en serait de même pour l'établissement d'un chemin vicinal ordinaire, si le conseil n'avait pas voté la dépense. (Cons. d'Et. 21 juin 1866. — Dall. 69, 3, 81. — Cons. d'Et. 19 nov. 1868. — Dall. 69, 3, 85. — Cons. d'Et. 29 janvier 1875. — Dall. 75, 3, 96.)

En conséquence, une commission départementale ne peut ordonner contrairement à l'avis du conseil municipal, l'ouverture d'un chemin ordinaire, si ce travail doit entraîner une dépense pour la commune. (Cons. d'Et. Rec. Lebon. 18 février 1876, 19 mars 1876.)

Elle ne pourrait pas davantage fixer les limites et la direction d'un chemin vicinal ordinaire contrairement à l'avis du conseil municipal. (Cons, d'Et. Rec. Lebon, 16 juin 1876.)

574 — Ces solutions sont inspirées par un décret du 25 juin 1875 qui détermine exactement les droits de l'administration en matière de voirie, et dont voici les motifs principaux :

« Considérant que les préfets n'ont jamais eu le droit d'imposer d'office les dépenses résultant de l'ouverture, du redressement ou de l'élargissement des chemins vicinaux ordinaires ; que leurs droits se bornent à autoriser, sur la demande des conseils municipaux, les travaux d'ouverture et le redressement ; que, dès lors, il n'appartient pas aux préfets, et qu'il n'appartient pas aujourd'hui aux commissions départementales de prescrire l'ouverture et le redressement des chemins vicinaux ordinaires, sans l'assentiment des conseils municipaux ; considérant, que la loi du 11 juillet 1868, s'est bornée à accorder diverses subventions pour l'amélioration des chemins vicinaux, sans modifier en aucune façon la législation alors existante, ni par suite, les droits respectifs des conseils municipaux et des préfets. »

575. — DÉLIBÉRATION RELATIVE A UNE DÉCLARATION DE VICINALITÉ.

L'an .., le...

M. le maire a déposé sur le bureau : 1° le tableau de classification des chemins appartenant à la commune, et de reconnaissance de leurs limites et largeurs ; 2° les réclamations et observations auxquelles sa publication a donné lieu.

Le conseil, après avoir délibéré sur chacun des articles dudit tableau, ainsi que sur les réclamations et observations faites,

Considérant...

Estime qu'il y a lieu de déclarer chemins vicinaux ceux portés sous les n^{os}... et..., et de fixer leur largeur conformément aux indications portées à la colonne..., il demande en même temps que les observations et propositions consignées dans la colonne... soient prises en considération.

Fait et délibéré à...

(Signatures.)

576. — DÉLIBÉRATION SUR UN PROJET DE CLASSEMENT.

L'an..., le...

M. le maire a déposé sur le bureau : 1° le procès-verbal de reconnaissance du chemin ... 2° les réclamations et observations auxquelles ce projet de classement a donné lieu ;

Le conseil, après avoir délibéré tant sur le projet de classement, que sur les réclamations et observations faites,

Considérant...

Estime qu'il y a lieu de déclarer chemin vicinal, le chemin désigné ci-dessus, qui serait inscrit sous le n°..., à l'état général de classement, et de fixer sa largeur à... (*Dans le cas où les propriétaires des terrains nécessaires à l'élargissement du chemin ne consentiraient pas à en faire l'abandon gratuit, désigner les ressources sur lesquelles les indemnités dues devront être acquittées*).

Fait et délibéré à...

(Signatures.)

577. — DÉLIBÉRATION DU CONSEIL MUNICIPAL SUR UN PROJET DE DÉCLASSEMENT.

L'an..., le...

M. le maire a déposé sur le bureau : 1° la proposition de déclassement du chemin.... ; 2° les réclamations et observations auxquelles cette proposition a donné lieu.

Le conseil, après avoir délibéré tant sur la proposition de déclassement, que sur les réclamations et observations faites,

Considérant...

Estime qu'il y a lieu d'ordonner le déclassement du chemin inscrit au tableau des chemins vicinaux de la commune, sous le n°... (*Le conseil municipal devra également exprimer s'il est d'avis que le chemin soit conservé à la circulation comme chemin rural, ou bien s'il doit être supprimé, pour le sol en être vendu au profit de la commune.*)

Fait et délibéré à...

(*Signatures.*)

578. — Le conseil donne encore son avis sur les modifications à apporter aux arrêtés par lesquels les préfets fixent l'époque des travaux de prestation sur les chemins vicinaux de grande communication et d'intérêt commun. (Inst. 6 déc. 1870.)

579. — *Circonscriptions communales.* — Lorsqu'il s'agit de réunir plusieurs communes en une seule, ou de distraire une section d'une commune, soit pour la réunir à une autre, soit pour l'ériger en commune séparée, le préfet prescrit préalablement dans les communes intéressées une enquête, tant sur le projet en lui-même que sur ses conditions. Les conseils municipaux, assistés des plus imposés en nombre égal à celui de leurs membres, les conseils d'arrondissement et le conseil général donnent leur avis. (L. 18 juil. 1837, art. 2.)

Si le projet concerne une section de commune, il est créé pour cette section une commission syndicale. Un arrêté du préfet détermine le nombre des membres de la commission. Ils sont élus par les électeurs municipaux domiciliés dans la section, et si le nombre des électeurs n'est pas double de celui des membres à élire, la commission est composée des plus imposés de la section. La commission nomme son président. Elle est chargée de donner son avis sur le projet. (Ibid.)

Une circulaire du ministre de l'intérieur du 13 mars 1873, détermine ainsi qu'il suit les règles relatives aux changements de circonscription :

1° Les changements de chefs-lieux de communes sont définitivement approuvés :

Par le conseil général, sur l'avis conforme du conseil municipal ;

Par décret, lorsque l'avis du conseil municipal est contraire. (L. 10 août 1871.)

Les changements de chefs-lieux de canton, d'arrondissement ou de département sont autorisés par décret. (L. 8 pluv. an IX et arrêté consulaire 17 vent. an VIII.)

Un décret est également nécessaire pour le changement de noms de communes, alors même que la commune n'est ni chef-lieu de canton, ni chef-lieu d'arrondissement.

2° Les changements à la circonscription des communes déjà existantes d'un même canton sont approuvés :

Par le conseil général, s'il y a accord entre les

conseils municipaux, tant sur la nouvelle délimitation que sur les conditions auxquelles le changement est subordonné. (L. 10 août 1871.)

Dans ce cas, la délibération du conseil général ne peut être déférée directement au Conseil d'Etat, c'est au conseil de préfecture qu'elle doit être soumise d'abord. (Cons. d'Et. Rec. Lebon, 7 août 1875, 25 février 1876.)

Par décret rendu en conseil d'Etat, lorsque l'avis d'un conseil municipal, ou de plusieurs conseils municipaux, ou d'une commission syndicale, est contraire ou accompagné de réserves.

Par une loi, lorsque l'avis du conseil général est contraire. (Ibid.)

3° Les réunions de communes sont traitées comme de simples changements à la circonscription des communes déjà existantes.

4° La création d'une commune nouvelle est approuvée :

Par décret, lorsque le conseil municipal ou les conseils municipaux intéressés, consentent à la mesure projetée, et que l'avis du conseil général est favorable, ou s'il s'agit d'une commune de moins de trois cents habitants lorsque l'avis du conseil général est favorable. (L. 18 juill. 1837.)

Par une loi, lorsqu'il y a opposition soit du conseil général, soit d'un conseil municipal, soit d'une commission syndicale. (Ibid.)

5° Enfin, tout projet qui modifie les limites d'un canton, d'un arrondissement ou d'un département, doit être soumis à la sanction législative. (L. 21 juill. 1857, 10 août 1871, art. 50. — V. aussi circ. min. 29 août 1849.)

580. — Au cas de réunion de deux communes en une seule, le préfet doit tenir compte des conditions sous lesquelles le conseil municipal d'une de ces communes a consenti à la réunion. (Cons. d'Et. 18 mars 1868.)

581. — Dans tous les cas de réunion ou de fractionnement de communes, les conseils municipaux sont dissous, et il est procédé immédiatement à des élections nouvelles.

Et les conseils municipaux élus peuvent procéder à la révision des évaluations cadastrales, ou au renouvellement du cadastre. (L. 12 août 1876.)

582. — *Cours d'eau.* — Le conseil donne son avis sur le curage des cours d'eau non navigables ni flottables, après enquête. (Circ. min. 5 mai 1852.)

583. — *Culte.* — Le conseil municipal donne son avis sur les circonscriptions relatives au culte et sur l'établissement des chapelles si le traitement du desservant doit être payé par la commune.

Si le traitement doit être payé par l'état, l'avis du conseil municipal doit encore être demandé, mais l'autorité supérieure est libre de n'en pas tenir compte. (Avis. Cons. d'Et. 5 mai 1874.)

Le conseil donne aussi son avis sur les budgets et comptes des fabriques et autres administrations préposées à l'entretien de cultes salariés par l'Etat lorsqu'elles sont subventionnées par la commune, et sur les autorisations d'emprunter, d'acquérir, d'échanger, d'aliéner, de plaider ou de transiger, demandées par les mêmes administrations.

584. — Le conseil doit donner son avis sur l'é-

tablissement d'un vicaire. (Déc. 30 déc. 1809. —
Cons. d'Et. 24 janvier 1873. — Dall. 73, 3, 57.)

Mais cette condition est suffisamment remplie
quand la question lui a été soumise par un de ses
membres à la suite d'une demande de subvention
formée par la fabrique. (Cons. d'Et. 7 août 1875.
Dall. 76, 3, 22.)

585. — Si le conseil municipal n'avait pas été
consulté, il n'y aurait pas lieu à l'inscription d'office
du traitement du vicaire (Ibid. Cons. d'Et. 12 mai
1873. — Dall. 73, 3, 57.)

586. — Son avis n'est pas nécessaire pour les
frais d'ameublement de l'église. (Cons. d'Et. 12
mai 1876. — Dall. 76, 3, 89.)

587. — Mais il doit être consulté lorsqu'il s'agit
de la création d'une succursale quoique l'autorité
supérieure ne soit pas tenue de suivre son avis.
(Cons. d'Et. 21 fév. 1873. — Dall. 73, 3, 86. — Cons.
d'Et. 12 mars 1876. — Dall, 76, 3, 86.)

588. — DÉLIBÉRATION CONCERNANT L'ÉRECTION D'UNE COMMUNE EN SUCCURSALE.

L'an..., le...,

M. le maire a exposé que, pour satisfaire au désir
exprimé par un grand nombre d'habitants, il était dans
l'intention de s'adresser à l'autorité supérieure afin
d'obtenir l'érection en succursale, de la chapelle qui
existe au chef-lieu de la commune.

M. le maire a représenté au conseil, en l'invitant à
délibérer sur le projet d'érection, que la chapelle dont il
s'agit est en bon état d'entretien ; que la commune possède un presbytère (ou peut fournir au desservant un
logement convenable); que la chapelle est pourvue d'or-
nements, linges, vases sacrés et de tous autres objets

doit être consulté quand une association de bienfaisance demande à être reconnue comme établissement d'utilité publique.

595. — *Expropriation*. — Le conseil donne son avis sur une demande d'expropriation formée dans l'intérêt de la commune, et seulement sur le vu du procès-verbal constatant les résultats de l'enquête ordonnée. (Cass. 14 mars 1870. — Dall. 70, 1, 368.)

Mais quand une expropriation est poursuivie à la requête d'une association syndicale autorisée, il n'y a pas lieu de prendre l'avis du conseil municipal. (Cass. 16 juil. 1873. — Dall. 73, 1, 336.)

596. — AVIS SUR LES RÉCLAMATIONS FORMULÉES

L'an... le...

M. le maire a soumis le procès-verbal des réclamations par lui dressé, en vertu de l'article 7 de la loi du 3 mai 1841, pour recevoir les réclamations des propriétaires dont les terrains ou édifices se trouvent compris au plan des travaux à faire pour. .

Le conseil municipal, après avoir pris connaissance des réclamations présentées par les propriétaires intéressés et en avoir délibéré, a émis l'avis suivant :

1° Réclamation du sieur..., ayant pour objet..., (*Mettre ici l'avis motivé du conseil municipal, relatif au rejet ou à l'admission totale ou partielle*.)

Fait et délibéré à...

(Signatures.)

597. — *Fabrique*. — Le conseil donne son avis sur les budgets et comptes des fabriques qu'il subventionne, sur les acquisitions qu'elles veulent faire.

Et sur les devis des travaux qu'elles veulent exécuter. (Cons. d'Et. 12 juil. et 3 août 1866. — Dall. 67, 3, 68.)

598. — AVIS SUR LES COMPTE ET BUDGET
DE LA FABRIQUE.

L'an....., le.....,

M. le maire a déposé sur le bureau :

1º Le compte de la fabrique de l'église paroissiale d....., rendu par le trésorier pour l'année 18.., avec les pièces justificatives des recettes et dépenses effectuées ;

2º Le budget voté par le conseil de ladite fabrique pour l'année 18.., et présentant en résultat un déficit de...., que la commune est appelée à combler.

M. le maire a invité le conseil à donner son avis sur ces deux pièces, et à déterminer en même temps le montant de la subvention qui sera accordée à la fabrique pour l'année 18...

Le conseil municipal, vu le compte de M. le trésorier et les pièces à l'appui, attendu que toutes les recettes et dépenses qui y sont inscrites ont été régulièrement faites, approuve, dans son ensemble, ledit compte de l'année 18...

En ce qui concerne le budget de 18 .. le conseil, considérant qu'il a été établi d'après les mêmes bases que ceux des années précédentes, et que toutes les dépenses sont suffisamment motivées, estime qu'il y a lieu de l'approuver, et vote, au profit de la fabrique pour ladite année 18... une allocation sur les fonds communaux de la somme de...

Fait et délibéré à.....

(Signatures).

598 *bis*. — AVIS SUR UN PROJET D'ACQUISITION
DÉLIBÉRÉ PAR LE CONSEIL DE FABRIQUE.

L'an..... le .....

M. le maire a déposé sur le bureau : 1º une délibération du conseil de fabrique de l'église d.... au sujet de l'acquisition d'un immeuble situé à.... que M.... propriétaire, demeurant à ... offre de vendre à cet établissement ; 2° le procès-verbal d'estimation dudit immeuble ; 3° une copie du budget de la fabrique, et a invité le conseil à émettre son avis sur ce projet d'acquisition, conformément à l'article 21, § 5, de la loi du 18 juillet 1837.

Le conseil, vu les pièces ci-dessus désignées ; considérant que les fonds que la fabrique destine à l'acquisition d.... ne sont pas nécessaires à l'acquit de ses charges ordinaires et que l'acquisition projetée offre un moyen avantageux de placement pour ses fonds disponibles ; estime qu'il y a lieu d'accorder à la fabrique l'autorisation de passer l'acte de ladite acquisition.

Fait et délibéré à ....

(*Signatures.*)

599. — *Hospices.* — Le conseil municipal doit donner son avis sur : 1° les budgets et comptes des commissions des hospices.

2° Les acquisitions et aliénations d'immeubles hospitaliers.

3° Leur affectation, leur amélioration et entretien ;

4° Les projets de travaux pour construction dépassant 3,000 fr.

5° Les adjudications de travaux et marchés de fournitures dépassant une année ;

6° Les actions judiciaires et transactions ;

7° Les placements de fonds ;

8° Les emprunts ;

9° Les acceptations de dons et legs ;

10° Enfin les travaux relatifs au service hospitalier des garnisons. (L. 23 juin 1877, art. 6.)

600. — *Inondations.* — Le conseil est consulté et donne un avis motivé sur les travaux projetés en vue de parer aux dégâts et sinistres causés par les inondations. (L. 15 août 1858. art 7.)

Et sur les dépenses auxquelles la commune peut contribuer.

601. — *Instituteurs.* — Cette matière est fort importante, et elle a déjà donné lieu à un grand nombre de décisions judiciaires. Il n'est donc pas inutile de bien préciser les droits des conseils municipaux en ce qui touche la direction et l'enseignement de nos écoles.

Le conseil municipal donne son avis sur le choix de l'instituteur, mais cet avis ne lie pas le préfet. (Cons. d'Et. 9 mars 1870. — Dall. 71, 3, 57. — Cons. d'Et. 24 janvier 1873. — Dall. 73, 3, 25. — Cons. d'Et. 28 mars et 4 avril 1874. — Dall, 74, 3,98 — Cons. d'Et. 2 juin 1876.) Toute *décision* ou délibération prise par le conseil relativement au choix de l'instituteur est nulle. (Cons. d'Et. Ibid.)

La délibération nulle ne peut même être considérée comme un avis. (Ibid.)

Et l'arrêté préfectoral qui a consulté le conseil n'est pas susceptible d'être déféré au conseil d'Etat par la voie contentieuse (Cons. d'Et. 4 déc. 1874. — Dall 75, 3,86).

Par contre, l'autorité judiciaire ne peut apprécier la légalité de la délibération d'un conseil qui tendrait à substituer des instituteurs laïques aux congréganistes. (Bourges, 19 juin 1872 — Dall. 74, 2,445.)

602. — Le conseil municipal ne peut décider que l'enseignement sera gratuit, obligatoire et laïque (Cons. d'Et. 16 janvier 1873. — Dall. 74, 3,100) ni imposer aux instituteurs des conditions qui ne seraient pas autorisées par la loi. (Déc. min. 1er juillet 1873.)

En toutes ces matières il n'a que le droit d'avis si on le consulte, et de vœu s'il s'agit d'une matière étrangère à ses attributions consultatives. Il est même un cas où son avis n'est pas nécessaire, c'est lorsque les instituteurs sont déjà en fonctions et émargent au budget depuis plusieurs années. (Cons. d'Et. 9 mars 1874. — Dall. 74, 3, 97. — Cons. d'Et. 24 avril 1874. — Dall. 74, 3, 99), et qu'il ne s'agit que d'une mutation dans le personnel.

603. — Le conseil donne aussi son avis sur l'ouverture d'un pensionnat tenu par l'instituteur communal.

604. — AVIS SUR LE CHOIX DE L'INSTITUTEUR.

L'an..... le.....

M. le maire a exposé qu'il y a à pourvoir au remplacement du sieur... instituteur communal, décédé *ou* démissionnaire, et que le conseil municipal est appelé à déclarer, préalablement à la nomination qui doit être faite par le préfet, s'il entend que la direction de l'école vacante soit confiée à un instituteur laïque ou à un ou plusieurs membres d'une association religieuse.

Après une discussion à laquelle ont pris part MM. ... qui ont opiné pour le choix d'un instituteur appartenant à une communauté religieuse, et MM.... qui ont parlé contre, le conseil a été d'avis, à la majorité des voix, de confier la direction de l'école communale à un instituteur laïque (*ou* à un instituteur de la congrégation).

Fait et délibéré à....

(Signatures)

605. — *Mont-de-piété.* — L'avis du conseil est nécessaire pour la création d'un établissement de ce genre. (L. 24 juin 1851.)

606. — *Octroi.* — Le conseil donne son avis sur

le traitement des préposés et les frais de perception.

607. — *Police*. — Il donne son avis sur l'organisation du personnel chargé de la police dans les chefs-lieux de département possédant plus de 40,000 âmes. (L. 24 juil. 1867, art. 23.)

Mais il ne doit pas être consulté sur la révocation d'un commissaire de police. (Cons. d'Et 24 mars 1876.)

608. — *Pompes funèbres*. — Il est consulté sur le tarif des fournitures nécessaires aux cérémonies religieuses à l'intérieur de l'église.

609. — *Postes*. — Le conseil peut être appelé à donner son avis sur les conditions et le fonctionnement du service des postes. Dans ce cas, sa délibération doit être adressée directement aux préfets. (Circ. min. 27 novembre 1872.)

610. — *Receveurs municipaux*. — Les conseils municipaux des communes ressortissant, à une perception, donnent leur avis sur la demande à fin de changement de domicile formée par les receveurs municipaux. A la demande doit être joint un plan indiquant la position des communes, leur population et les moyens de communication entre elles.

611. — *Rétribution scolaire*. — Le conseil donne son avis sur le taux de la rétribution scolaire dans les écoles et les salles d'asile. (L. 15 mars 1850.)

612. — Les délibérations à ce sujet peuvent servir de point de départ a un recours contre les décisions du conseil départemental qui fixe le taux de la rétribution scolaire contrairement aux avis des conseils municipaux. Le maire de la commune peut, en effet, se pourvoir avec l'autorisation du conseil, devant le ministre de l'instruction publique.

613. — *Révision du cadastre.* — Le conseil donne son avis sur les évaluations proposées lors de la révision des listes et sur les observations présentées par les contribuables.

614. — *Secours.* — Le conseil donne avis sur les circonscriptions de secours. (L. 1837.— art. 21.)

615. — *Soutiens de famille.* — Peuvent être dispensés à titre provisoire, comme soutiens indispensables de famille, et s'ils en remplissent effectivement les devoirs, les jeunes gens désignés par les conseils municipaux de la commune où ils sont domiciliés.

La liste est présentée au conseil de révision par le maire. ·

Ces dispenses peuvent être accordées par département jusqu'à concurrence de quatre pour cent du nombre des jeunes gens reconnus propres au service et compris dans la première partie des listes du recrutement cantonal.

Tous les ans, le maire de chaque commune fait connaitre au conseil de révision la situation des jeunes gens qui ont obtenu les dispenses à titre de soutiens de famille pendant les années précédentes. (L. 27 juillet 1872. art. 22.)

616. — *Sursis d'appel.* — En temps de paix, il peut être accordé des sursis d'appel aux jeunes gens qui, avant le tirage au sort, en auront fait la demande. A cet effet, ils doivent établir que, soit pour leur apprentissage, soit pour les besoins de l'exploitation agricole, industrielle ou commerciale, à laquelle ils se livrent pour leur compte ou pour celui de leurs parents, il est indispensable qu'ils ne soient pas enlevés immédiatement à leurs travaux.

Les demandes de sursis adressées au maire sont instruites par lui ; le conseil municipal donne son avis. Elles sont remises au conseil de révision et envoyées par duplicata au sous-préfet qui les transmet au préfet avec ses observations, et y joint tous les documents nécessaires.

Il peut être accordé, pour tout le département et par chaque classe, des sursis d'appel jusqu'à concurrence de quatre pour cent du nombre des jeunes gens reconnus propres au service militaire dans ladite classe, et compris dans la première partie des listes du recrutement cantonal. (Ibid, art. 24.)

617. — *Travaux communaux.* — Le conseil, donne son avis sur les travaux à faire pour protéger les villes contre les inondations. (Déc. 15 août 1858.)

Il donne son avis sur les observations produites par les habitants lors d'une enquête. (Ord. 23 août 1835.)

Et sur les traités passés par le maire avec un entrepreneur.

618. — *Traitement.* — Il donne son avis sur le traitement de la femme qui dirige les travaux à l'aiguille des filles, dans les écoles mixtes. (L. 1867 art. 17.)

619. — *Volontariat d'un an.* — Le conseil municipal est consulté par le préfet sur les demandes formées par les jeunes gens qui veulent contracter un engagement d'un an, afin d'être exemptés de tout ou partie du versement de 1500 francs.

Ces exemptions ne sont accordées qu'aux jeunes gens qui ont donné, dans leurs examens, des preuves de capacité. (L. 27 juillet 1872. art. 55.)

Il n'est pas accordé plus d'une exemption totale pour cent engagés.

La demande doit être accompagnée d'un certificat constatant la position de famille de l'intéressé et d'un relevé du rôle des contributions à sa charge. (Inst. min. 1er déc. 1872.)

620. — RÉCLAMATIONS. — Les matières qui viennent d'être passées en revue ne sont pas les seules qui soient du ressort des conseils municipaux. Il en est un grand nombre d'autres sur lesquelles son influence ou son autorité peuvent s'exercer. Les énumérer serait certainement impossible, car elles embrassent toutes les questions que peut soulever l'intérêt matériel et moral de la commune.

Les unes ont été consacrées par la jurisprudence, les autres sont nées du rôle même que la loi a fait au conseil. A titre d'exemple, on peut dire que le conseil a le droit :

621. — 1° De réclamer contre le contingent, assigné à la commune dans l'établissement des impôts de répartition ;

622. — 2° De réclamer contre la classification de la commune au point de vue de l'impôt des portes et fenêtres ;

Du tarif des patentes ;

De l'impôt sur les chevaux et voitures ;

De la taxe sur les chiens ;

De la taxe sur les billards ;

Des droits d'entrée. — Mais dans ce dernier cas la commune n'a pas le droit de contester par la voie contentieuse le résultat du dénombrement, en l'absence de toute décision qui l'assujettisse aux droits d'entrée, (Cons. d'Et. 22 juin 1877.)

623. — Vœux. — Le conseil municipal peut exprimer son vœu sur tous les objets d'intérêt local. Il lui est absolument interdit de manifester ou d'exprimer un vœu qui touche à la politique ou aux intérêts généraux.

Il ne faudrait donc pas s'exagérer l'étendue de ces attributions que la loi n'a pas voulu déterminer. C'est en s'inspirant du caractère de leur fonction que nos conseillers apprendront à connaître les limites qui leur sont tracées, et que la jurisprudence leur a souvent rappelées.

624. — Ajoutons qu'il a été décidé que le conseil n'a jamais d'opposition à formuler, lorsqu'il n'est pas consulté sur une matière spéciale. Ainsi le conseil ne peut pas s'opposer à ce qu'on accorde une pension à un employé de la mairie qui réunirait les conditions exigées. (Cons. d'Et. 7 avril 1869. — Déc. min. 18 février 1863.)

625. — Il ne peut révoquer aucun agent ni un employé d'octroi. (Ibid. Seine 9 déc. 1873. — Dall. 74, 5. 538.)

Ni un garde champêtre. — (Cons. d'Ét. 25 juillet 1873. — Dall. 74, 3, 102.)

626. — Délégations. — Les chapitres précédents contiennent l'exposé des attributions générales conférées au conseil municipal comme assemblée agissante et délibérante. Il nous reste à parler des attributions que la loi a attachées à l'exercice du mandat municipal, mais au point de vue de chacun de ses membres. Nous devons donc, avant de terminer ce chapitre, dire quelques mots des fonctions qui appartiennent ou peuvent appartenir aux individualités composant le conseil.

' Nous avons vu déjà que le conseil municipal, dans certaines occasions, est appelé à déléguer un ou plusieurs de ses membres. Il est d'autres circonstances dans lesquelles cette délégation a lieu de droit. Ainsi, que le maire ou l'adjoint soient absents ou empêchés, c'est le premier conseiller municipal et à son défaut ses collègues, dans l'ordre du tableau, qui les remplacent dans leurs fonctions d'officiers de l'état-civil, ou d'officiers de police judiciaire. En l'absence de l'adjoint, le maire peut aussi donner à un conseiller municipal, délégation de veiller à la police et à l'observation des règlements concernant les cabarets.

627. — Cette délégation peut être verbale, mais doit être faite dans l'ordre du tableau, et quand un de ces délégués a constaté une contravention, il y a présomption légale que les conseillers inscrits avant lui étaient absents ou empêchés. (Cass. 14 nov. 1867. — V. Cass. 13 janvier 1877.)

En cas de refus du maire de convoquer le conseil municipal pour une session ordinaire le préfet peut déléguer un conseiller municipal qui fera cette convocation. (V. infra. *Convocation.*)

628. — Le préfet délègue aussi un conseiller municipal pour suivre une instance au nom de la commune.

629. — Un conseiller délégué par le maire peut

présider une des sections de vote. (L. 5 mars 1855, art. 29.)

Les conseillers municipaux peuvent faire partie par suite de délégations spéciales et nécessaires :

1° Des conseils d'administrations des Monts-de-Piété. (L. 24 juin 1851.)

2° Des commissions électorales. (V. infra, *Listes électorales*.)

3° Des commissions chargées de préparer les listes des électeurs consulaires. (L. 21 déc. 1871.)

4° Des commissions chargées du recrutement des sapeurs-pompiers.

5° Des commissions de réception des travaux faits sur les chemins vicinaux ordinaires.

Enfin des conseillers municipaux sont délégués pour assister aux adjudications de biens communaux et aux enquêtes relatives aux travaux proposés par les fabriques subventionnées.

FIN DU PREMIER VOLUME.

Tours. Imp. Mazereau.

TABLE DES MATIERES (¹)

(1). Par suite d'une erreur, les numéros **535** à **544** se trouvent faire double emploi. Il sera donc nécessaire, en se référant au *sommaire alphabétique* qui est en tête du volume, de consulter les doubles numéros

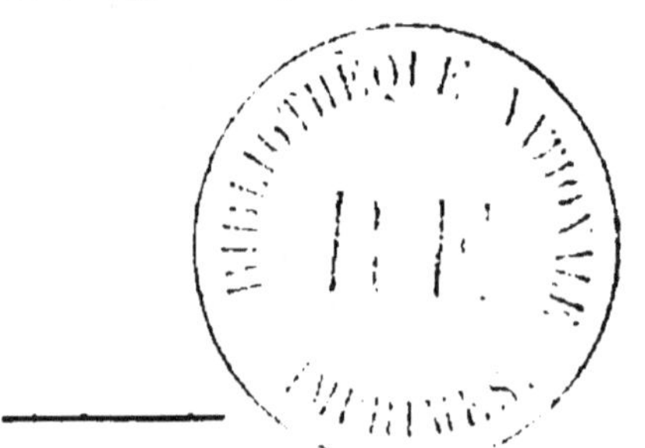

www.ingramcontent.com/pod-product-compliance
Lightning Source LLC
LaVergne TN
LVHW050311060726
842525LV00002B/501